CONTEMPORARY URBAN DESIGN

daab

INTRODUCTION

Urban design is an architectural discipline that falls into the category of landscape architecture. It is used as a social and esthetic means for interpreting the shape of cities and towns and their public spaces. Since these are collective interventions, urban design cannot be understood without considering different disciplines such as urban and political economy and social theory. Cities change, grow and develop; their design should contribute to the coherent progress of their structures and prevent or correct errors in planning and construction. If we observe their trajectory from a historical perspective, we can understand its importance. From the Industrial Revolution up until today, public spaces have undergone heavy transformation. We've witnessed important changes, such as industrial areas that have become new neighborhoods, or historical centers that are changed in order to solve public space, transport and communications needs in the 21st century. At times the change occurs on a more local level, such as when the growth of a city increases levels of noise, traffic and pollution in a public space that falls into disuse by the neighborhood. Projects cover everything from new large neighborhoods to the installation of street fixtures or the illumination of a small square.

The structure of a city is not the sum of its architectural shapes but the integration of these shapes into a specific understanding of space. The work of an architect can transform a space that has become obsolete in terms of function and design. Projects consist of reconstructing streets, new districts, designing parks, improving accesses, etcetera. All of these are to the benefit of the community: the neighbors, students, workers and businessmen who see how the avenues and streets have become more accessible, attractive and, in turn, become busier places as well. Public spaces become gathering points and recreational areas where neighbors can meet. Concerts, festivals and diverse activities are organized and lead to interchanges; bonds are made and there's a pervading sense of belonging to a group, as well as a community feeling.

Die Stadtarchitektur der heutigen Zeit wird als Teilgebiet der Landschaftsplanung betrachtet. Ihr Ziel ist es, den öffentlichen Raum in Städten und Dörfern unter sozialen und ästhetischen Gesichtspunkten zu gestalten. Da es sich um kollektive Eingriffe handelt, muss man die Stadtarchitektur als eine Verbindung verschiedener Disziplinen wie der Stadtökonomie, der politischen Ökonomie und der sozialen Theorie verstehen. Die Städte verändern sich, wachsen und entwickeln sich weiter. Ihre Gestaltung sollte zu einem logischen Fortschritt ihrer Strukturen beitragen, Fehlern in der Planung und im Bau vorbeugen oder diese korrigieren. Wenn man den Werdegang der Städte unter historischen Gesichtspunkten betrachtet, wird deutlich, wie wichtig die Stadtarchitektur ist. Von der Industriellen Revolution bis zum heutigen Tag hat sich der öffentliche Raum stark verändert. Es fanden große Umformungen statt, Industriegebiete wurden zu neuen Stadtvierteln und die Altstädte wurden verändert, um Platz für öffentlich nutzbaren Raum und die Transportmittel des 21. Jahrhunderts zu schaffen. Manchmal handelte es sich um lokale Veränderungen, zu denen es kam, wenn sich durch die Stadtentwicklung der Lärm, der Verkehr und die Verschmutzung eines öffentlichen Raumes erhöhten und die Bürger diesen nicht mehr frequentierten. Die Projekte decken alle Bereiche ab: Von großflächigen, neu gestalteten Stadtbezirken über das Aufstellen städtischen Mobiliars bis zur Beleuchtung eines kleinen Platzes.

Die Struktur einer Stadt ist nicht die Summe ihrer architektonischen Formen, sondern die Integration dieser Formen in ein bestimmtes Raumkonzept. Die Arbeit der Architekten verändert Räume, deren Gestaltung und Funktion veraltet ist. So wurden Projekte zum Neubeleben von Straßen durchgeführt; es wurden neue Stadtteile gestaltet, Parkanlagen errichtet, Zugänge verbessert usw. All diese Maßnahmen verbesserten die Lebensqualität in den Dörfern und Städten. Die Anwohner, Studenten, Arbeiter und Händler konnten feststellen, wie die großen und kleinen Straßen schöner und lebendiger wurden. Der öffentliche Raum wurde zu einem Treffpunkt und Ort der Erholung: hier findet nun das soziale Leben der Anwohner statt. Es werden Konzerte, Märkte und andere Veranstaltungen organisiert, und dadurch kommt es zum Austausch. Neue Kontakte werden geknüpft und es gibt ein durchdringendes Gefühl, zu einer Gruppe zu gehören, wie auch Gemeinschaftssinn.

El diseño urbano es una disciplina arquitectónica que se engloba dentro de la arquitectura del paisaje. Está orientada a interpretar, con fines sociales y estéticos, la forma y el espacio público de ciudades y pueblos. Al tratarse de intervenciones colectivas, el diseño urbano no puede entenderse sin la unión de diferentes disciplinas como la economía urbana y política o la teoría social. Las ciudades cambian, crecen y se desarrollan; su diseño debe contribuir al progreso coherente de sus estructuras y a prevenir o corregir errores de planteamiento y construcción. Si observamos su trayectoria con una perspectiva histórica, se puede entender su importancia. Desde la Revolución Industrial hasta nuestros días, los espacios públicos han sufrido una gran transformación. Hemos presenciado cambios importantes, como las zonas industriales que se han transformado en nuevas barriadas, o centros históricos que se modifican para dar respuesta a las necesidades de espacio público, transporte y comunicaciones requeridas en el siglo XXI. En ocasiones el cambio es más local y se produce cuando el desarrollo de la ciudad aumenta los niveles de ruido, tráfico y polución de un espacio público, que deja de ser utilizado por el vecindario. Los proyectos abarcan desde nuevos barrios de gran extensión hasta la instalación de un nuevo mobiliario urbano o la iluminación de una pequeña plaza.

La estructura de la ciudad no es la suma de sus formas arquitectónicas, sino la integración de estas formas en una determinada concepción del espacio. El trabajo de los arquitectos transforma los espacios cuyo diseño o función han quedado obsoletos. Los proyectos consisten en rehabilitar calles, crear nuevos distritos, construir plazas, diseñar parques, mejorar accesos, etcétera. Todas estas actuaciones representan un beneficio para las comunidades: vecinos, estudiantes, trabajadores y comerciantes, quienes ven cómo las avenidas y las calles ganan en accesibilidad y atractivo y se convierten en lugares más transitados. Los espacios públicos se convierten en puntos de reunión y de recreo, de relación entre vecinos. Se organizan conciertos, ferias y actividades diversas, y de esta forma se generan intercambios, se crean lazos y se forja un sentimiento de pertenencia a un grupo y una idea de comunidad.

Le design urbain, discipline architecturale relevant de l'architecture du paysage, s'emploie à interpréter, à des fins sociales et esthétiques, la forme et l'espace public des villes, grandes et moins grandes. S'agissant d'interventions collectives, le design urbain ne peut être compris s'il est dissocié d'autres disciplines telles que l'économie urbaine et politique ou la théorie sociale. Les villes changent, s'agrandissent et se développent ; leur décoration doit concourir au progrès cohérent de leurs structures et contribuer à prévenir ou à corriger d'éventuelles erreurs conceptuelles et constructives. C'est en en analysant la trajectoire dans une perspective historique que l'on peut en saisir l'importance. De la Révolution Industrielle à nos jours, les espaces publics ont énormément changé. Nous avons assisté à de grands bouleversements, des zones industrielles se sont transformées en de nouveaux quartiers, des centres historiques se sont modifiés pour répondre aux besoins d'espace public, de transport et de communications que requiert le XXIe siècle. Parfois, le changement est davantage local et se produit lorsque l'essor de la ville entraîne la multiplication des nuisances (bruit, circulation et pollution) dans un espace public, qui cesse alors d'être utilisé par le voisinage. L'éventail de projets est très large, il va de nouveaux quartiers de grande envergure à l'installation d'un nouveau mobilier urbain ou à l'éclairage d'une petite place. La structure de la ville n'est pas la somme de ses formes architecturales, mais l'intégration de celles-ci dans une conception déterminée de l'espace. Le travail des architectes transforme les espaces dont la fonction ou le design est devenu obsolète. Les projets consistent à réhabiliter des rues, créer de nouveaux quartiers, construire des places, concevoir des parcs, améliorer des accès, etc. Toutes ces actions représentent un bénéfice pour les communautés : riverains, étudiants, travailleurs et commerçants, qui voient ainsi boulevards et rues gagner en accessibilité et en attrait, et se transformer en des lieux davantage fréquentés. Les espaces publics deviennent des points de réunion et de récréation, de rencontre entre les habitants. Des concerts, des foires-expositions et diverses activités y sont organisées, et c'est ainsi que s'instaurent des échanges, que se nouent des liens et que se forgent un sentiment d'appartenance à un groupe et une idée de communauté.

Il design urbano è una disciplina architettonica inglobata nell'architettura del paesaggio. La sua finalità consiste nell'interpretare, a scopi sociali ed estetici, la forma e lo spazio pubblici di città e paesi. Dal momento che si tratta di interventi collettivi, il design urbano non può essere compreso se si prescinde dall'unione di varie discipline quali l'economia urbana e politica o la teoria sociale. Le città cambiano, crescono e si sviluppano; il loro design deve contribuire non solo al progresso coerente delle loro strutture, ma anche alla prevenzione o alla correzione di eventuali errori progettuali e costruttivi. Se si segue la sua traiettoria da un punto di vista storico, è possibile comprenderne l'importanza. Dalla Rivoluzione Industriale ai nostri giorni, infatti, gli spazi pubblici hanno subito un'enorme trasformazione: abbiamo assistito a cambiamenti fondamentali, come la conversione delle aree industriali in nuovi quartieri, o la modifica di centri storici per rispondere ai bisogni di spazio pubblico, di trasporto e di comunicazioni sorti nel XXI secolo. A volte, il cambiamento avviene più in ambito locale quando l'espansione della città aumenta i livelli di rumore, di traffico e d'inquinamento di uno spazio pubblico, che cessa di essere frequentato dal vicinato. I progetti vanno dall'edificazione di nuovi e ampi quartieri all'installazione di un nuovo arredamento urbano o di un sistema d'illuminazione di una piccola piazza.

La struttura di una città non equivale alla somma delle sue forme architettoniche, ma al modo in cui tali forme rientrano in una determinata concezione dello spazio. Il lavoro degli architetti consiste nel trasformare gli spazi che sono caratterizzati da un design o da una funzione obsoleti. I progetti sono volti a riabilitare strade, creare nuovi quartieri, costruire piazze, progettare parchi, migliorare accessi, eccetera. Tutte queste operazioni rappresentano un beneficio per le comunità: residenti, studenti, lavoratori e commercianti, assistono compiaciuti alle migliorie apportate a viali e strade che potenziano così la loro accessibilità e la loro bellezza e diventano luoghi più transitati. Gli spazi pubblici si trasformano in luoghi di ritrovo e di svago, di relazione tra vicini. Si organizzano concerti, fiere e attività diverse, e si generano scambi a vari livelli, si stabiliscono legami e si consolida un sentimento d'appartenenza a un gruppo e a un'idea di comunità.

A_LAB ARCHITEKTUR/JENS SCHMAHL | BERLIN, GERMANY

Website	www.a-lab.net
Project	Follies Landesgartenschau Wernigerode
Location	Berlin, Germany
Year of completion	2006
Materials	steel, wood, polycarbonate in different colors, plotted and beamed images
Photo credits	Jörg Hempel

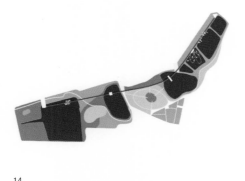

This municipality, which borders the Harz Mountains, created a futuristic park for the 2006 Garden Show. This park is formed by the gardens and seven water pools which connect to each other through five architectural elements and a small footbridge connecting with the city center. This project uncovers the qualities of its surroundings without leaving out historical elements. Among the constructions, some standouts include the artificial island with its waterfall falling from the roof, the White Box, a space for multi-media projections, an aquarium, a platform for relaxing and contemplating the water and landscape, and lastly, the plaza that marks the end of the route.

Diese Gemeinde am Harz hat einen futuristischen Park für die Landesgartenschau 2006 konstruiert. Dieser besteht aus Gärten und sieben Teichen, die durch fünf architektonische Elemente und eine kleine Fußgängerbrücke, die auch die Verbindung zum Stadtzentrum darstellt, miteinander verknüpft sind. Bei der Gestaltung wurde die Schönheit der Umgebung unterstrichen, ohne dass dabei historische Elemente verloren gingen. Besonders auffallend sind eine künstliche Insel mit einem Wasserfall, der von dem Dach fällt, die White Box, ein Raum für Multimediaprojektionen, ein Aquarium, eine Plattform zum Ruhen und Betrachten des Wassers und der Landschaft und schließlich ein Platz, an dem der Rundgang endet.

En este municipio que limita con las montañas de Harz, se construyó un parque futurista para la Exhibición de Jardinería de 2006. El paisaje está formado por los jardines y por siete estanques que se conectan entre sí a través de cinco elementos arquitectónicos y de un pequeño puente peatonal que conecta con el centro de la ciudad. Este proyecto descubre las cualidades del entorno sin borrar elementos históricos. De entre las construcciones destaca una isla artificial con una cascada de agua que cae desde la cubierta, la White Box, un espacio para proyecciones multimedia, un acuario, una plataforma donde descansar y contemplar el agua y el paisaje y, por último, una plaza que marca el final de la ruta.

Cette commune, voisine des montagnes de Harz, s'est dotée d'un parc futuriste à l'occasion de son Exposition de Jardinage 2006. Le paysage se compose de jardins et de sept étangs reliés les uns aux autres par cinq éléments architecturaux et un petit pont piétonnier connectant le tout avec le centre-ville. Il s'agit-là d'un projet qui révèle les qualités de l'environnement sans en gommer les éléments historiques. Parmi les constructions, citons une île artificielle avec une cascade se déversant depuis la toiture, la White Box, un espace conçu pour des projections multimédia, un aquarium, une plateforme pour se reposer en contemplant l'eau et le paysage et, pour finir, une esplanade qui marque la fin du parcours.

Questo Comune che confina con le montagne di Harz, in occasione della Mostra di Giardinaggio del 2006, ha creato un parco futurista. Il paesaggio è formato dai giardini e da sette stagni collegati tra loro mediante cinque elementi architettonici e un piccolo ponte pedonale unito al centro della città. Questo progetto svela le qualità dell'ambiente senza cancellare elementi storici. Tra le costruzioni che spiccano maggiormente, ci sono un'isola artificiale con una cascata d'acqua che cade dal tetto, la White Box, uno spazio adibito a proiezioni multimedia, un acquario, una piattaforma su cui riposare e contemplare l'acqua e il paesaggio e, infine, una piazza che rappresenta la fine del percorso.

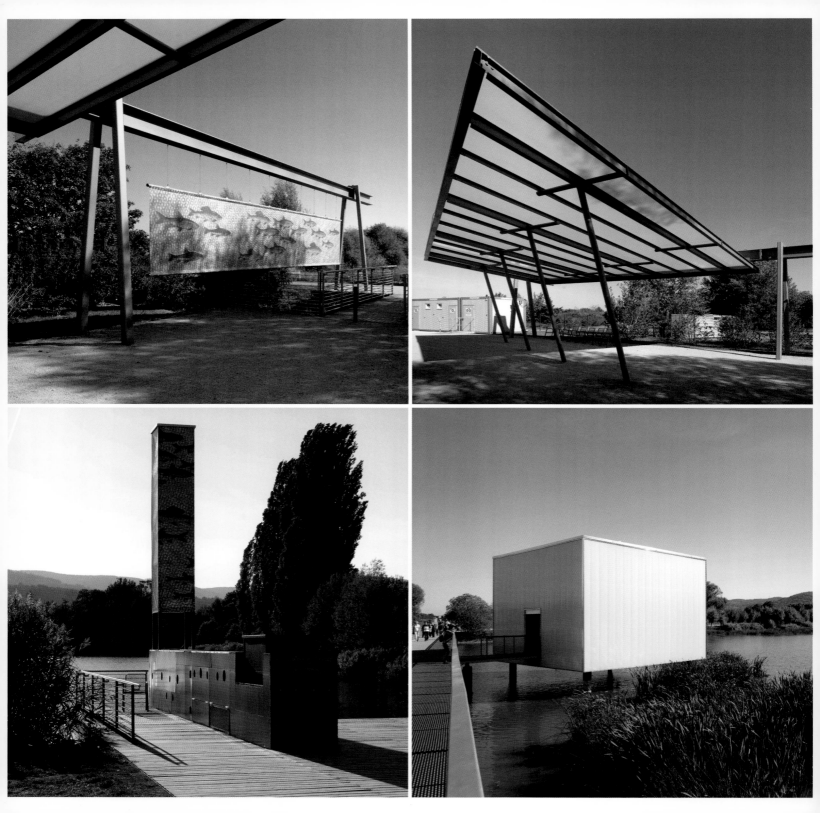

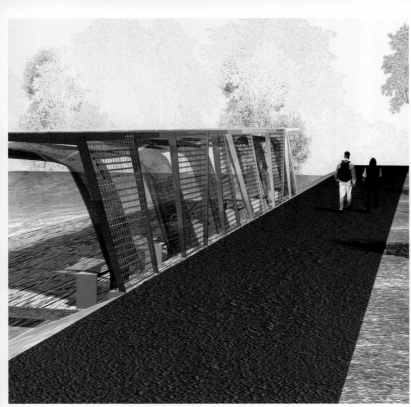

ALFA POLARIS/XAVIER FONT SOLÀ | SANT VICENÇ DE MONTALT, SPAIN

Website	www.bierot.net
Project	Pont Trencat
Location	Sant Celoni, Spain
Year of completion	2003
Materials	steel
Photo credits	Xavier Font Solà

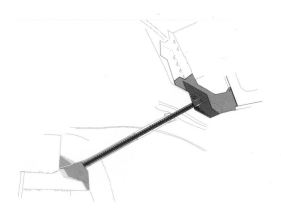

This bridge was destroyed during the 19th century Napoleonic Wars. Since then nobody reconstructed it and it began to be called Pont Trencat (broken bridge). A citizen initiative managed for its reconstruction almost 190 years later. The project was conceived as a restoration, which is to say, differentiating the original elements from the new ones. The process was done in three phases: consolidation of the remains, constructing new structures and installing lighting and pavement. The new bridge evokes the silhouette of the original and, although it is being used again, for the people living in the municipalities it connects, it will continue being referred to as Pont Trencat.

Diese Brücke wurde während der napoleonischen Kriege im 19. Jh. zerstört. Man baute sie nicht wieder auf, und so erhielt sie im Lauf der Zeit im Volksmund den Namen Pont Trencat (zerbrochene Brücke). 190 Jahre später wurde sie, veranlasst durch eine Bürgerinitiative, wieder aufgebaut. Man legte dabei großen Wert auf eine sorgfältige Restaurierung und Trennung der Originalelemente von den neuen. Der Wiederaufbau ging in drei Phasen vonstatten, zunächst befestigte man die Überreste, dann montierte man die neue Konstruktion und schließlich legte man das Pflaster und die Beleuchtung an. Die neue Brücke erinnert an die Originalform, und obwohl sie wieder benutzt wird, werden die Anwohner der beiden Gemeinden, die sie verbindet, sie wohl immer die „zerbrochene Brücke" nennen.

Este puente fue destruido durante las guerras napoleónicas del siglo XIX. Desde entonces nadie lo reconstruyó y se le comenzó a llamar Pont Trencat (puente roto). Una iniciativa ciudadana consiguió que la reconstrucción se llevara a cabo casi 190 años después. Ésta se planteó como una restauración, que muestra los elementos originales perfectamente diferenciados de los nuevos. El proceso se realizó en tres fases: consolidación de los restos, montaje de las nuevas estructuras e instalación del pavimento y la iluminación. El nuevo puente evoca la silueta original y, aunque vuelve a ser utilizado, para los habitantes de los municipios que une siempre será el Pont Trencat.

Ce pont a été détruit pendant les guerres napoléoniennes du XIXᵉ siècle. Depuis, personne ne s'étant avisé de le reconstruire, on a commencé à l'appeler Pont Trencat (pont coupé). Au bout de près de 190 ans, une initiative citoyenne en a finalement obtenu la reconstruction, qui a été envisagée plutôt comme une restauration, c'est-à-dire qu'on a choisi de différencier clairement les éléments originaux des nouveaux. Le processus a été réalisé en trois phases : consolidation des vestiges, montage des nouvelles structures et installation du dallage et de l'éclairage. Le pont a retrouvé sa silhouette originale et, bien qu'ils l'empruntent à nouveau, il restera toujours le Pont Trencat pour les habitants des communes qu'il unit.

Questo ponte fu distrutto durante le guerre napoleoniche del XIX secolo. Da allora nessuno si preoccupò di ricostruirlo e si cominciò a chiamarlo Pont Trencat (ponte rotto in catalano). Quasi 190 anni dopo, si è riusciti a eseguirne la ricostruzione grazie a un'iniziativa dei cittadini. Il progetto è stato pensato come un restauro, ovvero, mostrando gli elementi originali nettamente differenziati da quelli nuovi. Il processo è stato compiuto in tre fasi: consolidamento dei resti, montaggio delle nuove strutture e posa della pavimentazione nonché installazione dell'illuminazione. Il nuovo ponte evoca il profilo di quello originale e, sebbene ora venga utilizzato di nuovo, per gli abitanti dei Comuni che unisce sarà sempre il Pont Trencat.

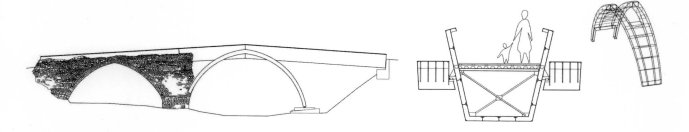

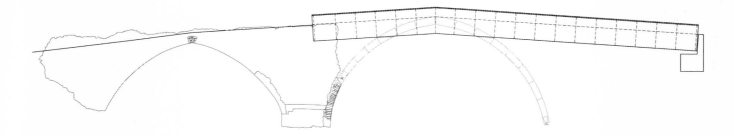

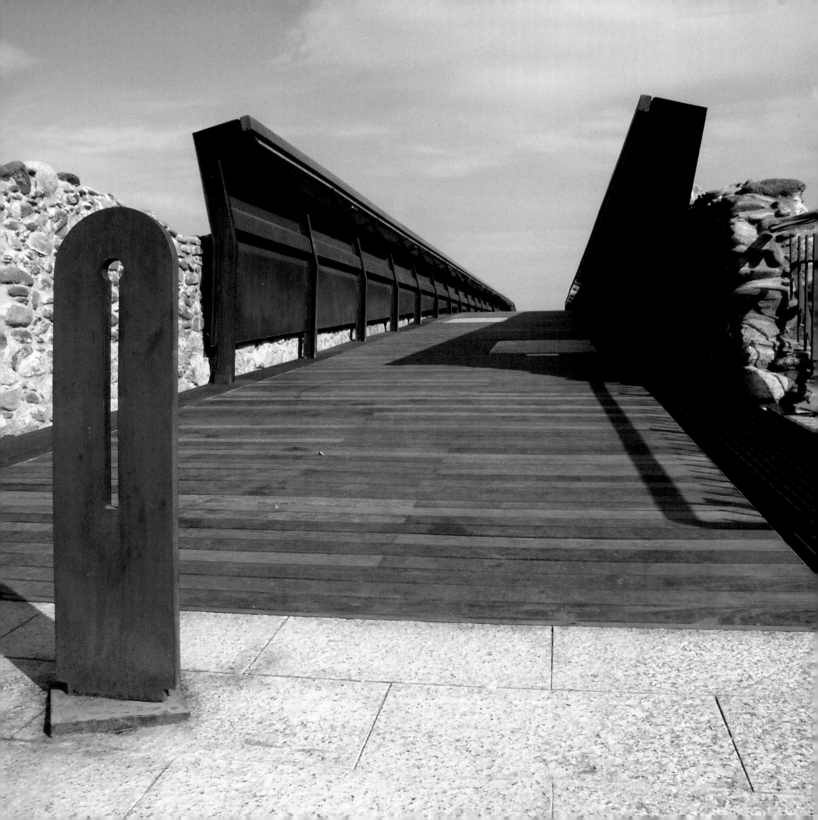

ALSOP/WILL ALSOP, SHAUN RUSSELL | LONDON, UNITED KINGDOM

Website	www.smcalsop.com
Project	Bradford Center Regeneration Masterplan
Location	Bradford, United Kingdom
Year of completion	project
Image credits	SMC Alsop

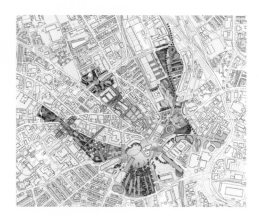

In 2003 **Alsop Architects** were contracted to design an outline plan for the center of Bradford, an area measuring 1.24 miles by 1.24 miles. The objective was clear: to build a space in which the residents would be proud to live, work, study and spend their free time. The plan intends to generate economic activity in sectors such as commerce, leisure and housing, and includes several points of interest: the Bowl, defined by a large lake around the western extreme of the area; the Channel, which will be the commercial area; the Valley, which will house educational facilities; and the Market, which will combine commercial promotion and cultural activities.

Im Jahr 2003 wurden die Architekten von Alsop mit einem Entwurf für das Zentrum von Bradford beauftragt, ein Gebiet mit den Ausmaßen von zwei Quadratkilometern. Das Ziel war klar: Die Gestaltung einer Umgebung, in der die Bewohner gerne leben, arbeiten, lernen und ihre Freizeit verbringen. Der Plan sieht vor, wirtschaftliche Aktivitäten in den Bereichen Handel, Freizeit und Wohnungsbau zu ermöglichen und beinhaltet verschiedene Gebiete: den Bowl, der durch einen großen See im äußeren Westen des Bereichs begrenzt wird; den Channel, der den Handelsbereich darstellen wird; das Valley mit Ausbildungseinrichtungen und den Bereich Market, der die Förderung des Handels mit kulturellen Aktivitäten verbinden wird.

En el año 2003 los arquitectos de Alsop fueron designados para diseñar el plan director del centro de Bradford, un área de 2 x 2 km. El objetivo estaba claro: construir un espacio para que los ciudadanos se sintieran orgullosos de vivir, trabajar, estudiar y jugar en él. Este plan pretende generar actividad económica en sectores como el del comercio, el ocio o la vivienda. El proyecto tiene varios centros de interés: The Bowl, definido por un gran lago que rodea el extremo oeste del municipio; The Channel, que será una zona de comercio; The Valley, que reunirá las ofertas educativas; y The Market, que conjuga la promoción comercial y el intercambio cultural.

En 2003, les architectes d'Alsop ont été choisis pour concevoir le plan directeur du centre de Bradford, sur une superficie de 2 x 2 Km. L'objectif était clair : construire un espace à l'intention des habitants, afin qu'ils se sentent fiers d'y vivre, d'y travailler, d'y étudier et de s'y distraire. Ce plan vise à générer une activité économique dans des secteurs tels que le commerce, les loisirs ou le bâtiment. L'intervention s'appuie sur plusieurs centres d'intérêt : The Bowl, défini par un grand lac artificiel qui borde l'extrémité ouest de la commune ; The Channel, où sont rassemblés les commerces ; The Valley, qui réunit les propositions éducatives ; et The Market, qui conjugue la promotion commerciale et l'échange culturel.

Nel 2003 agli architetti di Alsop è stato affidato il compito di elaborare il design del piano guida del centro di Bradford, un'area di 2 x 2 km. L'obiettivo è stato chiaro: costruire uno spazio in cui i cittadini si sentissero orgogliosi di vivere, lavorare, studiare e giocare. Il progetto concepito intende generare nuove attività economiche in settori quali il commercio, lo svago o la residenza e possiede diversi centri d'interesse: The Bowl, definito da un grande lago che circonda l'estremità occidentale del territorio municipale; The Channel, che sarà una zona di commercio; The Valley, che comprenderà proposte educative; infine The Market, che unisce la promozione commerciale e lo scambio culturale.

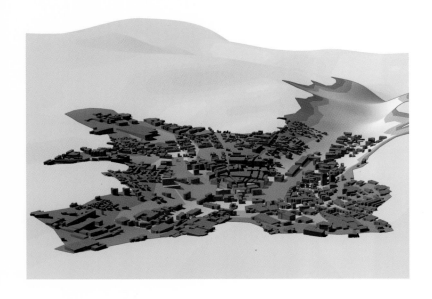

ALSOP/WILL ALSOP, DUNCAN MACAULAY, EDWARD NORMAN | LONDON, UNITED KINGDOM

Website	www.smcalsop.com
Project	New Islington
Location	Manchester, United Kingdom
Year of completion	in construction
Photo credits	SMC Alsop

Alsop have designed an ambitious project to generate a new district to the east of Manchester city centre. The plan is to build housing, designed by different architects, and to create new canals which will give the area its own identity. Some of the residents in buildings affected by the plan will have to be re-housed. The neighborhood will be completed with business premises, restaurants, bars and offices. The development of the project includes sustainable, environmentally friendly measures which will mean, for example, that residents do not have to make an effort to save energy.

Die Architekten von Alsop entwickelten ein ambitioniertes Projekt, um ein neues Viertel östlich des Stadtzentrums von Manchester zu schaffen. Geplant ist eine Bebauung, die von verschiedenen Architekten entworfen wird, sowie die Erschaffung neuer Kanäle, die dem Bereich seine eigene Identität geben. Bewohner, die von den gebäudebaulichen Maßnahmen betroffen sind, müssen umgesiedelt werden. Die Gegend wird mit Geschäftseinheiten, Restaurants, Bars und Büros ausgestattet. Die Entwicklung des Projektes beinhaltet nachhaltige und umweltfreundliche Maßnahmen, die zum Beispiel weitere Energiesparmaßnahmen seitens der Bewohner überflüssig machen.

El estudio de arquitectos Alsop ha realizado un ambicioso proyecto que dará lugar a la creación de una nueva barriada situada al este del centro de la ciudad de Manchester. El proyecto prevé la construcción de edificios de viviendas, obra de diferentes arquitectos, y la creación de nuevos canales, lo que dotará al barrio de una identidad propia. Algunos vecinos de edificios afectados por el plan deberán ser realojados. El distrito se completará con locales comerciales, restaurantes, bares y oficinas. En el marco de desarrollo del proyecto se han implantado medidas de sostenibilidad ambiental, que permiten, por ejemplo, que el habitante no tenga que hacer ningún esfuerzo para consumir menos energía.

Le cabinet Alsop est l'auteur d'un ambitieux projet d'où naîtra un nouveau quartier à l'est du centre-ville de Manchester. Ce projet prévoit la construction de bâtiments d'habitation, œuvre de différents architectes, et la création de nouveaux canaux qui donneront au quartier une identité singulière. Les habitants des immeubles affectés par le plan devront être relogés. Le quartier se complètera de locaux commerciaux, de restaurants, de bars et de bureaux. Dans le cadre de développement du plan, des mesures de durabilité environnementale ont été implantées ; elles permettent notamment aux habitants de ne pas avoir à se préoccuper de leur consommation énergétique.

Alsop è lo studio di designer che ha realizzato un ambizioso progetto in grado di dare vita a un nuovo quartiere nella città di Manchester, nella zona est rispetto al centro. Il progetto prevede la costruzione di edifici abitativi, realizzati da vari architetti, e la creazione di nuovi canali, che daranno al quartiere una propria identità. Alle persone che risiedono in edifici interessati dal piano verrà fornita un'altra sistemazione. Nel quartiere sorgeranno anche locali commerciali, ristoranti, bar e uffici. Nel quadro evolutivo del progetto sono state previste misure di sostenibilità ambientale, grazie alle quali, per esempio, i residenti non dovranno sforzarsi per consumare meno energia.

**ANTONIO GALIANO GARRIGÓS, RAFAEL LANDETE
PASCUAL | ALICANTE, SPAIN**

Website	www.galianogarrigos.com
Project	Acces to Alicante Harbor
Location	Alicante, Spain
Year of completion	2006
Materials	galvanized steel, corten steel, reinforced concrete
Photo credits	Joan Roig

The relationship between a seaside city and its port is at the same time integrating and excluding. It's integrating because port activities are directly related to the city's economy and this is vital for its development. But it's also excluding because the area must be restricted for security reasons. The new access to the Alicante Harbor defines the city's most important avenues. It occupies the path and limits access with architectural elements that evoke those used in old city ports. The access consists of a large patinated steel container, within which the various control mechanisms for goods are located.

Die Beziehung zwischen der Stadt am Meer und ihrem Hafen ist gleichzeitig verbindend und ausschließend. Verbindend, da die Tätigkeiten im Hafen in direkter Verbindung mit der Wirtschaft der Stadt stehen und somit ausschlaggebend für deren Entwicklung sind. Aber auch ausschließend, da aus Sicherheitsgründen der Durchgang beschränkt werden muss. Die neue Zufahrt zum Hafen von Alicante definiert einen der wichtigsten Boulevards der Stadt, sowohl tags als auch nachts. Sie nimmt die gesamte Fahrbahn ein und die Durchfahrt wird durch architektonische Elemente eingeschränkt, die denen nachempfunden sind, die in den alten Stadthäfen benutzt wurden. Die Zufahrt wirkt wie ein großer Blechcontainer aus Corten-Stahl, in dem sich die Anlagen zur Warenkontrolle befinden.

La relación entre una ciudad junto al mar y su puerto es integradora y excluyente al mismo tiempo. Integradora porque las actividades del puerto están relacionadas con la economía de la urbe y esto es vital para su desarrollo. Pero también es excluyente porque debe limitar el paso por razones de seguridad. El nuevo acceso al puerto de Alicante define una de las avenidas más importantes de la población. Ocupa el ancho de la vía y limita el paso con elementos arquitectónicos que evocan los utilizados en las antiguas puertas de las ciudades. El acceso se establece como un gran contenedor de chapa de acero corten, dentro del cual se localizan dispositivos de control de las mercancías.

Le rapport qu'entretient une ville de bord de mer avec son port hésite souvent entre l'intégration et l'exclusion. Intégration car les activités du port sont directement liées à l'économie de la ville, chose vitale pour son développement. Mais aussi exclusion car le passage doit être limité, pour de simples raisons de sécurité. Le nouvel accès du port d'Alicante définit une des plus importantes avenues de la localité. Occupant toute la largeur de la voie, il y limite le passage à l'aide d'éléments architecturaux évoquant ceux des anciennes portes citadines. L'accès adopte la forme d'un grand conteneur en acier Corten, dans lequel sont logés des dispositifs de contrôle des marchandises.

Il rapporto tra una città che sorge sul mare e il suo porto è qualcosa di integratore ed escludente nello stesso tempo: integratore perché le attività del porto sono direttamente legate all'economia urbana e ciò è vitale per il suo sviluppo, ma è anche escludente giacché deve limitare l'accesso alle persone per motivi di sicurezza. La nuova entrata del porto di Alicante demarca uno dei viali più importanti del centro. Occupa la via in tutta la sua larghezza e limita l'accesso con elementi architettonici che evocano quelli impiegati nelle antiche porte delle città. L'entrata prende la forma di un grande contenitore d'acciaio Corten, all'interno del quale sono disposti gli elementi di controllo delle merci.

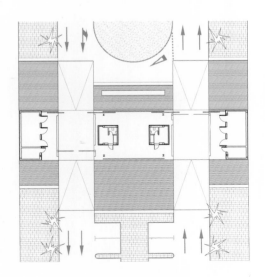

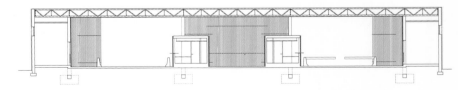

ARTEKS ARQUITECTURA | ANDORRA LA VELLA, ANDORRA

Website	www.arteksarquitectura.com
Project	Square in Vila Seca
Location	Vila Seca, Spain
Year of completion	2005
Materials	rubber pellet, colored concrete, prefabricated concrete paving, stone gabions, corten and stainless steel
Photo credits	Emili Sardà

The plaza, located at an intersection of avenues, forms part of a new plan. The project intended to achieve various objectives: for the plaza to serve as a traffic circle and to create a tree-lined urban area for pedestrians. Formally, it should serve as entrance to the city, and from a symbolic point of view, it should be a sculptural element of water and light that made reference to the Catalan Countries. These objectives were solved by conceiving a plaza in the shape of a snail. The garden area creates visual and acoustic protection and the four water columns in the central fountain make reference to the four stripes in the Catalan flag.

Der Platz liegt auf einer Kreuzung zwischen zwei Boulevards und entstand im Rahmen einer städtischen Umgestaltung. Er sollte mehrere Zwecke erfüllen: Zum einen sollte er als Kreisverkehr dienen, zum anderen sollte für Fußgänger ein Ort mit Baumbestand geschaffen werden. Formal gesehen soll er den Eingang zur Gemeinde bilden, und in symbolischer Hinsicht sollte es sich um ein skulpturales Element aus Wasser und Licht handeln, das auf die katalanischen Länder Bezug nimmt. Alle diese Ziele erreichte man, indem man den Platz in Schneckenform anlegte. Die begrünte Fläche bietet visuellen und akustischen Schutz, und die vier Wassersäulen des zentralen Brunnens symbolisieren die vier Balken der katalanischen Flagge.

La plaza, situada en un cruce de avenidas, formaba parte del proyecto de una nueva variante. Éste debía cumplir varios objetivos: que la plaza funcionara como una rotonda para la circulación y que generara un espacio urbano peatonal con arbolado. Formalmente debía ser una entrada al municipio y, desde un punto de vista simbólico, debía ser un elemento escultórico de agua y luz que hiciera referencia a los Países Catalanes. Estos objetivos se resolvieron al concebir una plaza a partir de la generatriz de un caracol. La superficie ajardinada crea una protección visual y acústica y las cuatro columnas de agua de la fuente central hacen referencia a las cuatro barras de la bandera catalana.

Cette place, au croisement de plusieurs avenues, faisait partie du plan d'une nouvelle rocade. Le projet devait atteindre plusieurs objectifs : que les lieux fassent simultanément fonction de rond-point de circulation et d'espace piétonnier arboré. Du point de vue formel, la place devait être une porte d'entrée dans la commune et, symboliquement parlant, un élément sculptural d'eau et de lumière évoquant les Pays Catalans. On y est parvenu en concevant l'esplanade à partir de la courbe génératrice d'une coquille d'escargot. La surface arborée crée une protection visuelle et acoustique, et les quatre colonnes d'eau de la fontaine centrale renvoient aux quatre barres du drapeau catalan.

La piazza, sita in un incrocio di viali, faceva parte del piano di una nuova variante. Il progetto aveva diversi obiettivi: farla fungere da rotonda per la circolazione e creare uno spazio urbano pedonale con alberi. Formalmente doveva essere un ingresso nel Comune e, da un punto di vista simbolico, si doveva trattare di un elemento scultoreo d'acqua e luce che facesse riferimento ai Paesi Catalani. Tali obiettivi sono stati raggiunti mediante la concezione della piazza in base alla linea generatrice della chiocciola. La superficie con giardino crea una protezione visiva e acustica mentre le quattro colonne d'acqua della fontana centrale rimandano alle quattro strisce della bandiera catalana.

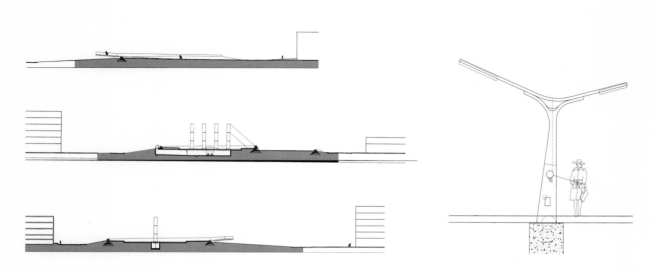

ARUP/CECIL BALMOND | LONDON, UNITED KINGDOM
ANTÓNIO ADÃO DA FONSECA | PORTO, PORTUGAL

Website	www.arup.com
Project	Coimbra Footbridge
Location	Coimbra, Portugal
Year of completion	2006
Materials	steel frame, coloured panels of glass, wood
Photo credits	Leonardo Finotti (photos), Arup (renders and drawings), Cecil Balmond (sketches)

This bridge, which joins the banks of the Mondego River, also goes by the name of Bridge of Peter and Inés, in reference to the 14th century love affair between Peter, son of King Alfonso IV and his lover Ines. The bridge is part of a development program for the river banks. It has been created by António Adão da Fonseca and Cecil Balmond in collaboration with the Unidad de Geometría Avanzada (AGU) of Arup. With its light arches, its structure reinforces the initial idea of two extremes that appear to never connect unto a central space that is planned as a gathering point and serves as a scenic vantage point. The colored glass window panes and nocturnal illumination create a suggestive play of light and color.

Diese Brücke, die den Fluss Mondego überspannt, wird im Volksmund auch die Brücke von Pedro und Inés genannt. Der Name spielt auf die Liebesgeschichte zwischen Pedro, dem Sohn des Königs Alfons IV., und seiner Geliebten Inés im 14. Jh. an. Die Brücke entstand im Rahmen eines Projekts zum Uferausbau. Sie ist eine Schöpfung von António Adão da Fonseca und Cecil Balmond in Zusammenarbeit mit der Unidad de Geometría Avanzada (AGU) von Arup. Die Struktur aus leichtem Stahl unterstreicht die der Brücke zu Grunde liegende Idee, dass sich die beiden Enden in einem zentralen Raum vereinen sollen, der einen Treff- und Aussichtspunkt darstellt. Die bunten Glasscheiben und die nächtliche Beleuchtung lassen ein interessantes Spiel mit Licht und Farben entstehen.

Este puente, que une las orillas del río Mondego, es también conocido por el nombre de Puente de Pedro e Inés, en referencia a la historia de amor del siglo XIV entre Pedro, hijo del rey Alfonso IV, y su amada Inés. El puente es parte de un programa para el desarrollo de las riberas del río. Ha sido creado por António Adão da Fonseca y Cecil Balmond en colaboración con la Unidad de Geometría Avanzada (AGU) de Arup. La estructura, de arcos ligeros, refuerza la idea inicial de dos extremos que parecen no unirse nunca hasta que un espacio central, ideado como punto de reunión, forma un mirador. Los paneles de cristal coloreado y la iluminación nocturna crean unos sugestivos juegos de luces y colores.

Ce pont, qui unit les rives de la Mondego, est également connu sous le nom de Pont de Pedro et Inés, en mémoire de l'histoire d'amour que vécurent au XIVe siècle le fils du roi Alfonso IV, Pedro, et son amante Inés. Le pont fait partie d'un programme pour le développement des berges de la rivière. Il s'agit d'une œuvre de António Adão da Fonseca et Cecil Balmond, créée en collaboration avec l'Unité de Géométrie Avancée (AGU) d'Arup. Avec ses arches aériennes, la structure renforce l'idée initiale de deux extrémités qui semblent ne jamais devoir se rencontrer, finalement rassemblées, en guise de trait d'union, par un espace central en forme de belvédère. Les panneaux de verre irisé et l'éclairage nocturne créent de subtils jeux de lumières et de couleurs.

Questo ponte, che unisce le rive del fiume Mondego, è noto anche con il nome di Ponte di Pedro e Inés, a ricordo della storia d'amore tra Pedro, figlio del re Alfonso IV, e la sua amata Inés, nel XIV secolo. Il ponte fa parte di un programma per lo sviluppo delle rive del fiume. È stato creato da António Adão da Fonseca e Cecil Balmond in collaborazione con l'Unità di Geometria Avanzata (AGU) di Arup. La struttura, ad archi leggeri, rafforza l'idea iniziale di due estremità che sembrano non arrivare mai a toccarsi finché uno spazio centrale, pensato come punto di riunione, dà forma a una loggia. I pannelli di vetro colorato e l'illuminazione notturna creano giochi di luce e cromatismi suggestivi.

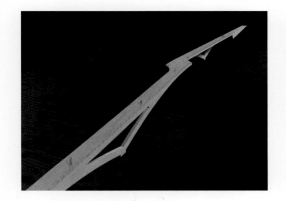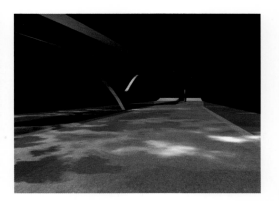

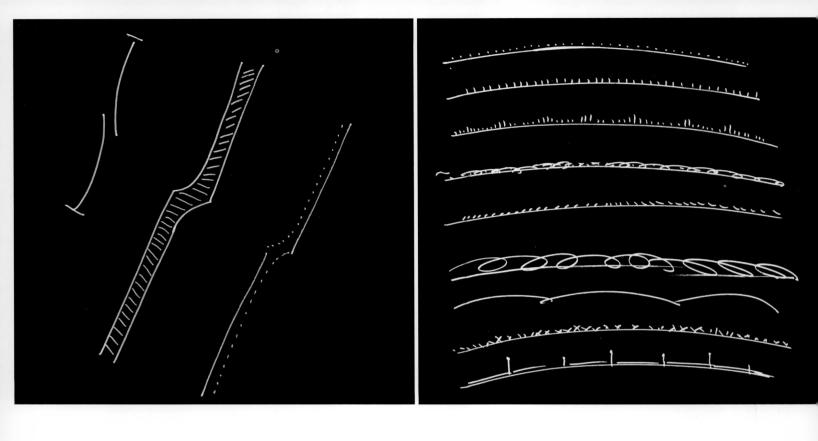

ASPECT STUDIOS | SYDNEY, AUSTRALIA

Website   www.aspect.net.au
Project   Wetland 5
Location   Sydney, Australia
Year of completion 2007
Materials   concrete, timber
Photo credits   Simon Wood

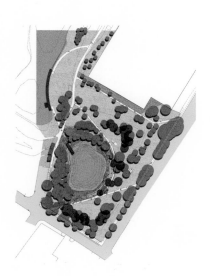

This reservoir, one of the ones in Sydney Park, needed remodeling due to leeks that had recently appeared. The project, commissioned by the city's government considered the development and construction of a new reservoir and its surroundings and included aspects such as the creation of paths and retaining walls, as well as installing seats, lighting and autochthonous vegetation. The architects created a large 295 foot long concrete arch that marks the boundaries of the reservoir. The lighting, which is installed beneath the bench, makes it possible to be used at night. Lastly, they installed a wooden dock that offers views above the water.

Des fuites ayant été détectées quelques temps auparavant, cet étang, l'un de ceux que compte le Sydney Park, devait être restauré de toute urgence. Le projet, attribué par la mairie de la ville, comprenait la conception et la construction du nouvel étang et de ses environs, ainsi que divers aspects tels que la création de voies de circulation et de murs de soutènement, l'installation de sièges, l'éclairage et la végétation autochtone. Les architectes ont créé une grande arche de béton de 90 m de long, qui délimite le pourtour de l'étang, puis ils ont installé une plate-forme de bois d'où l'on bénéficie de points de vue intéressants sur l'eau.

Einer der Stauseen im Sydney Park musste dringend umgestaltet werden, da Wasser durchsickerte. So gab die Stadtverwaltung die Planung und Konstruktion eines neuen Stausees und seiner Umgebung in Auftrag. Es wurden Pfade und Stützmauern angelegt und für Sitzgelegenheiten, Beleuchtung und die Bepflanzung mit einheimischen Pflanzen gesorgt. Die Architekten schufen einen großen, 90 m langen Betonbogen, der die Begrenzung des Stausees bildet. Die von unten beleuchtete Bank kann auch nachts benutzt werden. Schließlich errichtete man einen Holzkai, von dem aus man über das Wasser blicken kann.

Questo bacino artificiale, uno di quelli esistenti nel Sydney Park, aveva bisogno urgentemente di un intervento di ristrutturazione a causa di alcune fughe apparse di recente. Il progetto, commissionato dal Comune della città, comprendeva l'elaborazione e la costruzione del nuovo bacino e delle zone limitrofe, e includeva alcuni aspetti quali la creazione di sentieri e muri di contenimento, nonché l'installazione di sedili, di un impianto d'illuminazione e di vegetazione autoctona. Gli architetti hanno realizzato un grande arco di cemento di 90 m di lunghezza, che costituisce il limite del bacino. L'illuminazione, posta sotto la panchina, ne consente l'uso di notte. Infine, è stato costruito un molo di legno dal quale si godono magnifiche viste sull'acqua.

Este pantano, uno de los que existen en Sydney Park, necesitaba una remodelación urgente a causa de las filtraciones que recientemente habían aparecido. El proyecto, encargado por el ayuntamiento de la ciudad, comprendía el desarrollo y la construcción del nuevo pantano y de sus alrededores, y abarcaba aspectos como la creación de senderos y muros de contención, así como la instalación de asientos, iluminación y vegetación autóctona. Los arquitectos crearon un gran arco de hormigón de 90 m de longitud, que forma el límite del pantano. La iluminación, instalada bajo el banco, permite su utilización durante la noche. Por último, se instaló un muelle de madera que proporciona vistas sobre el agua.

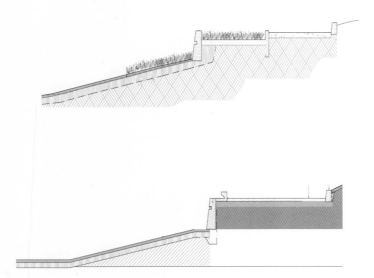

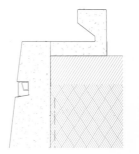

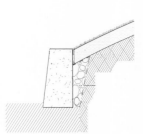

ASTOC ARCHITECTS & PLANNERS | COLOGNE, GERMANY
KCAP ARCHITECTS & PLANNERS | ROTTERDAM, THE NETHERLANDS

Website	www.astoc.de
	www.kcap.eu
	www.hafencity.com
Project	HafenCity Hamburg
Location	Hamburg, Germany
Year of completion	in construction
Photo credits	ASTOC Architects & Planners

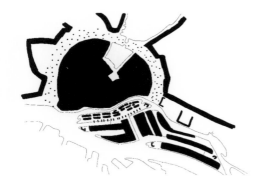

HafenCity is the most important urban project in Hamburg. During the next 25 years, 5,500 houses and 20,000 work spaces will be built on 153 hectares of the old port. The structure and the scale of the project are defined by the character and the nature of the harbor area. Experiments were included during the design process to determine how the basic structures would respond to different programs, densities and growth predictions. The final design is pragmatic, flexible and incredibly stable. The projection of the buildings and public spaces has surpassed the expectations of many critics and those who were skeptical.

HafenCity ist das wichtigste städtebauliche Projekt in Hamburg. Im alten Hafen werden in den nächsten 25 Jahren auf einer Fläche von 153 Hektar 5.500 Wohneinheiten und 20.000 Arbeitsbereiche entstehen. Die Struktur und die Größenordnung des Projektes werden durch den Charakter und die Natur der Hafengegend bestimmt. Während des Gestaltungsprozesses wurden einige Experimente durchgeführt, um zu untersuchen, wie die Grundstrukturen auf verschiedene Programme, Baudichten und Wachstumsprognosen ansprechen würden. Das endgültige Design ist pragmatisch, flexibel und unglaublich stabil. Die Planung der Gebäude und öffentlichen Flächen hat die Erwartungen vieler Kritiker und Skeptiker übertroffen.

HafenCity es el proyecto urbanístico más importante de Hamburgo. Durante los próximos 25 años se construirán 5.500 residencias y 20.000 espacios de trabajo en un área de 153 ha de un antiguo puerto. La estructura y la escala del proyecto están definidas por el carácter y la lógica de la zona portuaria. Durante el diseño se incluyeron experimentos que determinan cómo las estructuras básicas responden a diferentes programas, densidades y predicciones de crecimiento. El diseño final es pragmático, flexible e increíblemente estable. La proyección de los edificios y espacios públicos ha sobrepasado las expectativas de muchos críticos y escépticos.

HafenCity est le plus important des projets d'urbanisme de Hambourg. Dans les vingt-cinq années à venir, il représentera la construction de 5 500 résidences et 20 000 lieux de travail sur 153 hectares appartenant à un ancien port. La structure et l'envergure du projet sont définies par le caractère et la logique de la zone portuaire. Durant la phase de conception, des expériences ont été menées de manière à anticiper la réponse des structures élémentaires à différents programmes, densités et prévisions de croissance. Le design final est pragmatique, flexible et étonnamment stable. La projection des édifices et des espaces publics a largement dépassé les attentes de nombreux critiques et autres sceptiques.

HafenCity è il progetto urbanistico più importante di Amburgo. Nei prossimi 25 anni si costruiranno 5.500 abitazioni e 20.000 spazi di lavoro in un area di 153 ettari appartenente a un vecchio porto. La struttura e la scala del progetto sono definite dal carattere nonché dalla logica della zona portuale. Nel design sono stati inclusi esperimenti per determinare il modo in cui le strutture fondamentali rispondono a differenti programmi, a variazioni di densità e a diverse previsioni di crescita. Il design definitivo è pragmatico, flessibile e incredibilmente stabile. Il progetto degli edifici e degli spazi pubblici ha superato le aspettative di quanti erano critici e scettici.

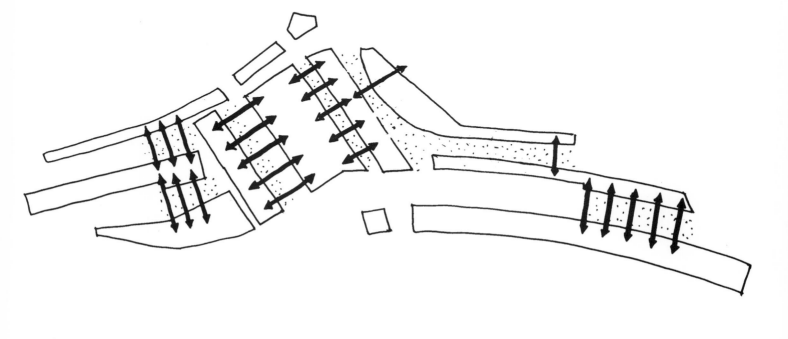

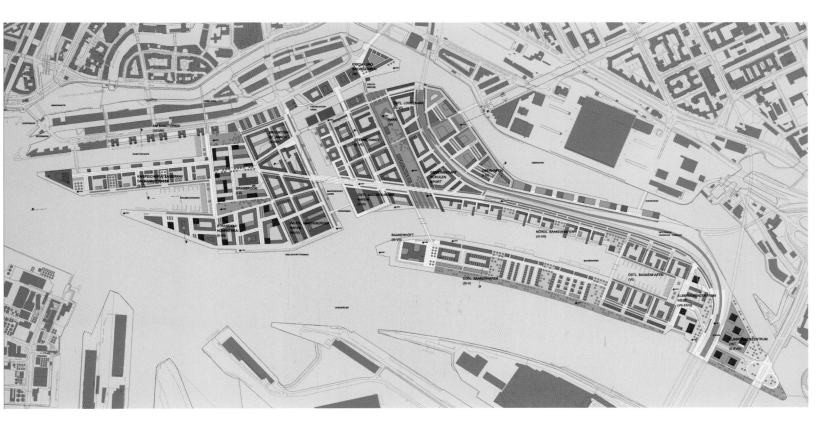

ASTOC ARCHITECTS & PLANNERS | COLOGNE, GERMANY

Website	www.astoc.de
Project	Residential Development Buchheimer Weg
Location	Cologne, Germany
Year of completion	in construction
Photo credits	ASTOC Architects & Planners

The area in which this residential zone is being constructed is part of an urban development plan from the 1950s. The east side has already been renovated by the municipal urban development agency GAG Immobilien AG, and will include new buildings. On the west side, buildings with structural problems will be replaced by new constructions following the same layout. Two types of four-storey buildings define the public and private spaces. The number of areas with trees has been increased, and recreational areas and parking have been created. In all, the project is reviewing and improving 1950s residential models.

Die Gegend, in der dieses Wohngebiet errichtet wird, ist Teil eines städtebaulichen Entwicklungsplans aus den 50er Jahren. Der östliche Bereich ist bereits durch die kommunale Agentur für Stadtentwicklung GAG Immobilien AG renoviert worden und wird neue Gebäude enthalten. Im westlichen Bereich werden die Gebäude mit strukturbedingten Problemen durch neue Konstruktionen ersetzt, die dem gleichen Entwurf folgen. Zwei Arten von viergeschossigen Gebäuden bestimmen die öffentlichen und privaten Bereiche. Die Anzahl der mit Bäumen bepflanzten Plätze wurde erhöht und es wurden Erholungsbereiche und Parkplätze geschaffen. Insgesamt werden in diesem Projekt die Wohnmodelle der 50er Jahre überarbeitet und verbessert.

El área donde se está construyendo esta zona residencial es parte de un plan de desarrollo urbanístico de los años cincuenta. El lado este ya ha sido renovado por la agencia de desarrollo urbanístico municipal, GAG Immobilien AG, y se sumarán nuevos edificios. En el lado oeste, los edificios con problemas estructurales se sustituirán por nuevas construcciones que siguen la distribución de la urbanización. Dos tipos de edificios de cuatro plantas definen los espacios públicos y privados. Se han aumentado las zonas arboladas y se han creado espacios recreativos y áreas de aparcamiento. En definitiva, el proyecto revisa y mejora los modelos residenciales de la década de 1950.

Le quartier où se construit ce lotissement résidentiel fait partie d'un plan de développement urbain datant des années cinquante. Le secteur oriental en a d'ores et déjà été réhabilité par l'agence de développement urbanistique municipal, et d'autres bâtiments le seront prochainement. Du côté ouest, les édifices présentant des problèmes de structure seront remplacés par de nouvelles constructions conformes à la distribution du lotissement. Deux types d'immeubles de quatre étages distinguent les espaces publics des privés. Les espaces verts ont été agrandis et on a créé des aires de jeux et des parcs de stationnement. En somme, le projet revisite les modèles résidentiels des années 50, en les améliorant.

L'area in cui si sta costruendo questo quartiere residenziale fa parte di un piano di sviluppo urbanistico degli anni cinquanta. Il lato orientale è già stato ristrutturato dall'agenzia di sviluppo urbanistico municipale, GAG Immobilien AG, e verranno aggiunti nuovi edifici. Nel lato occidentale, gli stabili che presentano problemi strutturali saranno sostituiti con nuovi edifici che seguono il piano regolatore del quartiere residenziale. Gli spazi pubblici e privati sono definiti da due tipi di costruzioni a quattro piani. Sono state aumentate le zone verdi con alberi e sono stati creati spazi ricreativi e zone di parcheggio. In sostanza, il progetto rivede e migliora i modelli residenziali degli anni cinquanta.

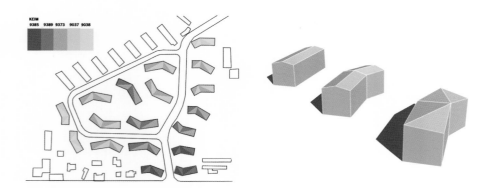

ECOSISTEMA URBANO ARQUITECTOS | MADRID, SPAIN

Website	www.ecosistemaurbano.com
Project	Eco-boulevard in Vallecas
Location	Madrid, Spain
Year of completion	2007
Materials	photovoltaic solar panels, metal wiring (for climbing plants), solar controlled thermal screens, recycled plastic (benches), recycled rubber (paving), photocatalitic blocks, ecological bricks, textile membrane (covering)
Photo credits	Emilio P. Doiztua, Roland Halbe

The plan for the eco-boulevard in Vallecas is defined as an urban recycling operation comprising the installation of three air trees, which also serve to revitalize social activity. Each air tree is a light structure which can be dismantled and is energy auto-sufficient, only consuming what it produces through a photovoltaic solar energy system. The installation is intended to densify the existing wooded area and organize the asymmetric arrangement of the traffic. The three pavilions, or air trees, are suitable for a wide variety of activities. After a time, the trees will be dismantled and the old ground will remain like clearings in the forest.

Die Entwicklung des umweltfreundlichen Boulevards in Vallecas ist als ein städtebauliches Recyclingverfahren geplant und beinhaltet die Errichtung von drei Luftbäumen, die zudem soziale Aktivitäten neu beleben sollen. Jeder Luftbaum besteht aus einer leichten Konstruktion, die abgebaut werden kann und energieunabhängig ist, da sie nur die Energie verbraucht, die sie durch eine photovoltaische Solaranlage erzeugt. Die Installation hat den Zweck, die bestehende bewaldete Fläche zu verdichten und die asymmetrische Anordnung der Verkehrsführung zu gliedern. Die drei Pavillons, oder Luftbäume, sind für eine große Vielzahl von Aktivitäten geeignet. Nach einiger Zeit werden die Bäume abgebaut, wobei die Installationsbereiche als Lichtungen im Wald erhalten bleiben.

La propuesta del eco-bulevar de Vallecas se define como una operación de reciclaje urbano que consta de la instalación de tres árboles de aire que también actúan como dinamizadores sociales. Cada árbol de aire es una estructura ligera, desmontable y autosuficiente energéticamente, que sólo consume lo que produce gracias a sistemas de captación de energía solar fotovoltaica. Esta instalación pretende densificar el arbolado que ya existe y ordenar la disposición asimétrica del tráfico rodado. Los tres pabellones o árboles de aire funcionan como soportes abiertos a múltiples actividades elegidas por los usuarios. Transcurrido un tiempo, los árboles se desmontarán y los antiguos recintos permanecerán como claros en el bosque.

La proposition de l'écoboulevard de Vallecas est définie comme une opération de recyclage urbain comprenant l'installation de trois *air-trees*, trois tours végétales qui ont également une vocation de dynamiseur social. Il s'agit de structures légères, démontables et indépendantes du point de vue énergétique, qui ne consomment que ce qu'elles produisent grâce à un système de capteurs d'énergie solaire photovoltaïque. Cette installation doit permettre la densification des arbres plantés alentour et faciliter le réglage de la circulation automobile. Les trois tours ou *air-trees* peuvent faire office de support pour de multiples activités, au gré des utilisateurs. Au bout d'un certain temps, les arbres seront démontés, les anciennes enceintes restant sur place à la manière de clairières dans la forêt.

La proposta dell'eco-boulevard di Vallecas si autodefinisce come un'operazione di riciclaggio urbano comprendente l'installazione di tre alberi d'aria che fungono anche da dinamizzatori sociali. Ogni albero d'aria è una struttura leggera, smontabile e autosufficiente da un punto di vista energetico, che consuma solo ciò che produce grazie a sistemi di cattura di energia solare fotovoltaica. Lo scopo di questo impianto è aumentare la densità della popolazione arborea già esistente e ordinare la disposizione asimmetrica del traffico su ruote. I tre padiglioni o alberi d'aria funzionano in qualità di supporti aperti a molteplici attività scelte dall'utenza. Dopo un certo periodo, gli alberi verranno smontati e i loro perimetri resteranno come radure nel bosco.

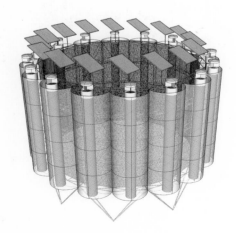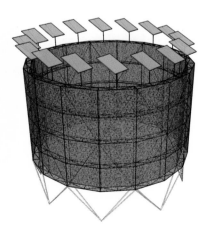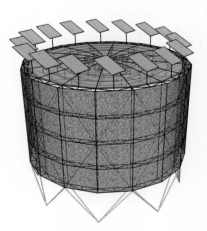

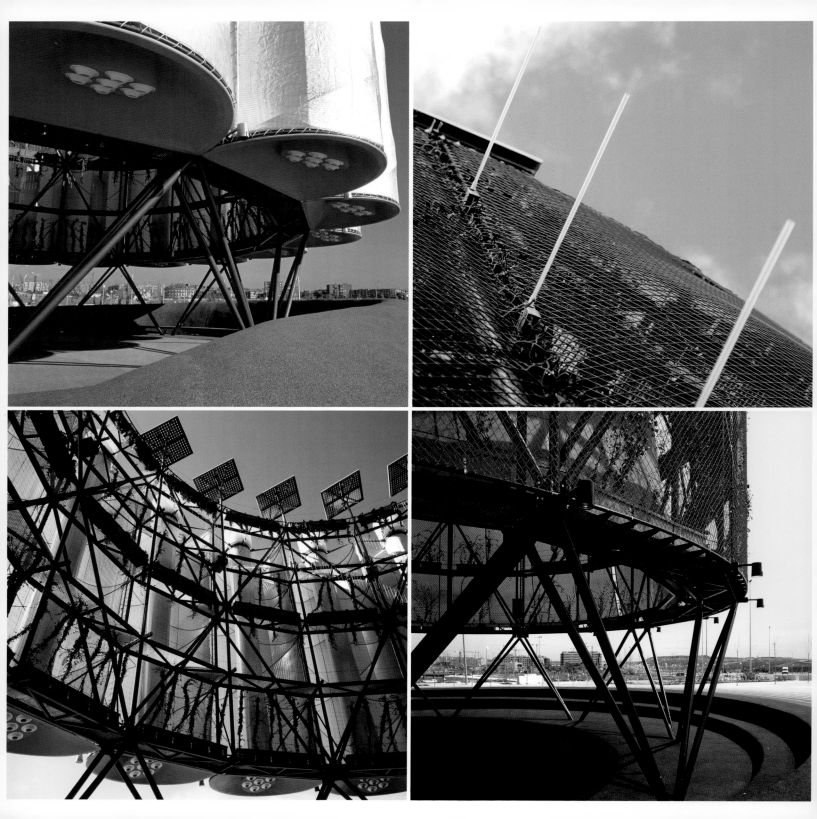

EEA ARCHITECTS | ROTTERDAM, THE NETHERLANDS

Website   www.eea-architects.com
Project   Federation Island
Location   Coast of Sochi, Russia
Year of completion   project
Image credits   EEA Architects

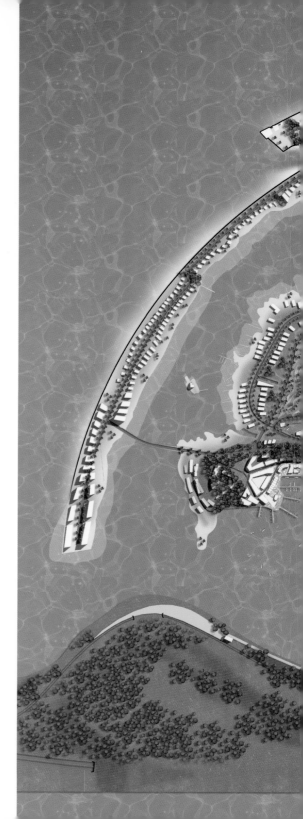

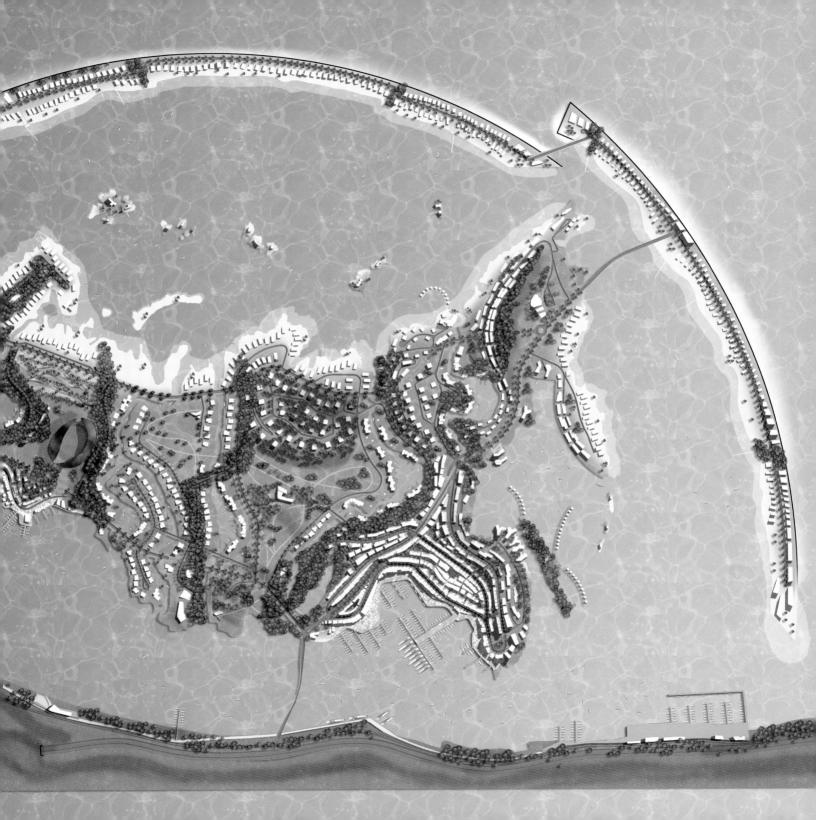

Federation Island is an artificial archipelago, located 9 miles from the center of Sochi, near Adler airport and the ski resort of Krasnaya Polyana. It is the same shape as the Russian Federation, which was the inspiration for the development: the rivers are the reference for the canals and the islands were based on the shape of the mountains. The design, created by Erick van Egeraat in collaboration with Danish engineers Witteveen & Bos, comprises seven main islands, twelve private islands and three breakwater islands. The archipelago, which will include beaches, sand dunes, grasslands and small forests, houses residences and hotels as well as leisure time, cultural and recreational installations.

Das Projekt Federation Island besteht aus einer künstlichen Inselkonstruktion, 15 Kilometer vom Zentrum von Sochi entfernt; es liegt in der Nähe des Flughafens Adler sowie des Skigebietes Krasnaya Polyana. Die Konstruktion weist die gleiche Form wie die Russische Föderation auf, die als Inspiration für die Entwicklung des Projektes diente: Die Flüsse bilden die Vorlage für Kanäle und die Inseln basieren auf der Form der Berge. Das Design wurde von Erick van Egeraat entworfen, in Zusammenarbeit mit den dänischen Ingenieuren Witteveen & Bos. Der Entwurf besteht aus sieben Hauptinseln, zwölf privaten Inseln und drei Inseln als Wellenbrecher. Die Inselgruppe enthält Wohngebäude und Hotels sowie Einrichtungen für Freizeit, Kultur und Erholung. Strände, Sanddünen, Grasflächen und kleine Wälder sind in Planung.

El archipiélago artificial de Federation Island está situado a 15 km del centro de Sochi, cerca del aeropuerto de Adler y de la estación de esquí de Krasnaya Polyana. Tiene la misma forma que la federación rusa y de hecho se inspira en ella: los ríos son la referencia para los canales y las montañas inspiran el relieve de las islas. El conjunto diseñado por Erick van Egeraat, en colaboración con el grupo de ingenieros daneses Witteveen & Bos, está compuesto por siete islas principales, doce privadas y tres islas rompeolas. El archipiélago, que incluirá playas, dunas, praderas y pequeños bosques, ofrece residencias, hoteles, ocio, cultura e instalaciones recreativas.

L'archipel artificiel de Federation Island se trouve à 15 Km du centre de Sochi, près de l'aéroport d'Adler et de la station de ski de Krasnaya Polyana. Il adopte la forme de la fédération russe et, de fait, s'en inspire : ses canaux en imitent les rivières et le relief de ses îles est calqué sur celui des montagnes. L'ensemble, une œuvre d'Erick van Egeraat, exécutée en collaboration avec le groupe d'ingénieurs danois Witteveen & Bos, se compose de sept îles principales, douze privées et trois îles brise-lames. L'archipel, qui comprendra des dunes, des prairies et de petits bois, propose des résidences, des hôtels et des équipements de loisirs, de culture et de plaisance.

L'arcipelago artificiale di Federation Island si trova a 15 km dal centro di Sochi, nei pressi dell'aeroporto di Adler e della stazione sciistica di Krasnaya Polyana. Possiede la stessa forma della federazione russa ed è proprio a quest'ultima, infatti, che s'ispira: i suoi fiumi sono i punti di riferimento per la distribuzione dei canali, mentre le montagne fanno da modello per i rilievi delle isole. L'insieme progettato da Erick van Egeraat, in collaborazione con il gruppo di ingegneri danesi Witteveen & Bos, è costituito da sette isole principali, dodici private e tre isole frangiflutti. L'arcipelago, che comprenderà spiagge, dune, praterie e boschetti, offre abitazioni, alberghi, svago, cultura e impianti ricreativi.

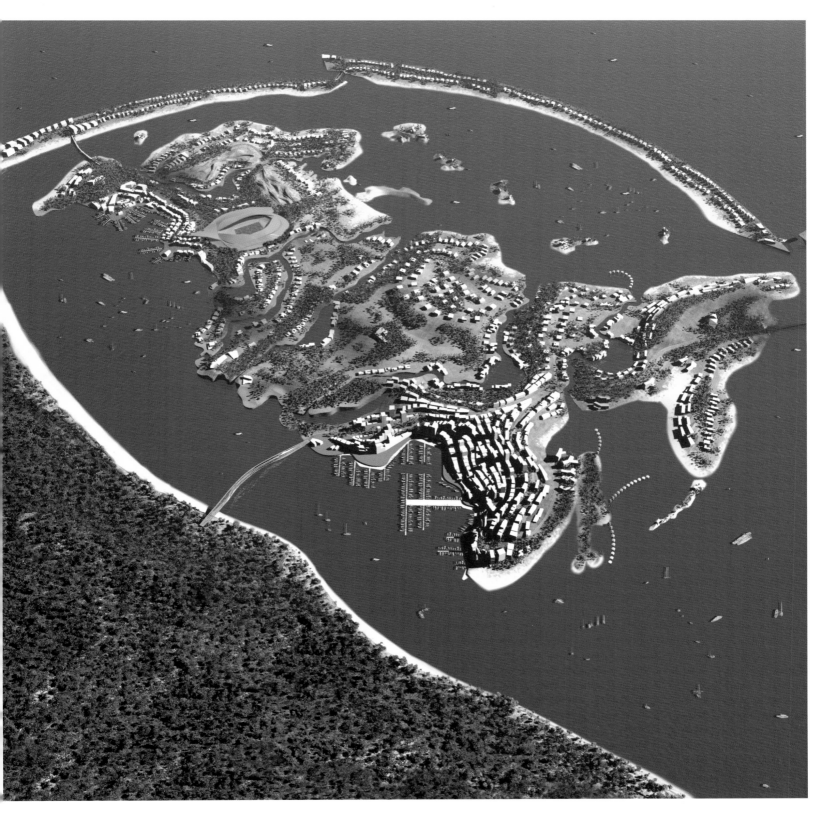

FEICHTINGER ARCHITECTES | PARIS, FRANCE

Website	www.feichtingerarchitectes.com
Project	Footbridge Simone de Beauvoir
Location	Paris, France
Year of completion	2006
Materials	stainless steel (nets), extruded aluminum (handrail), triated oak
Photo credits	David Boureau

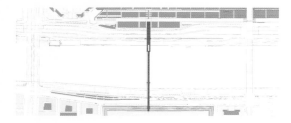

This elegant 997 ft. footbridge connects the Paris-Bercy district with Tolbiac. The shape of the bridge is created by two arches which also form the structure. This arrangement allows one to cross the bridge in different ways, in addition to creating a central space where one can enjoy the views of the Notre Dame Cathedral or the historical center, as well as serving as a vantage point for events that take place on the river. The catwalk is dressed with grooved oak and the balustrades have been reinforced with stainless steel netting which, despite being transparent, are visible enough to be safe. The lighting, which is integrated with the railing, illuminates the bridge's svelte silhouette.

Diese elegante, 304 m lange Fußgängerbrücke verbindet den Bezirk Paris-Bercy mit Tolbiac. Zwei Bögen bilden die Struktur und Form der Brücke. Diese Verflechtung macht es möglich, dass man die Brücke auf verschiedenen Wegen überqueren kann und lässt im Zentrum einen Aussichtspunkt entstehen, von dem aus man die Kathedrale Notre Dame und die historische Altstadt betrachten kann, ebenso wie Veranstaltungen, die auf dem Fluss stattfinden. Der Laufsteg ist mit gerilltem Eichenholz verkleidet und die Balustraden sind mit einem Netz aus Edelstahl verstärkt, das trotz seiner Transparenz sichtbar genug ist, damit sich der Passant sicher fühlt. Die Beleuchtung ist im Geländer untergebracht und unterstreicht die feine Silhouette der Brücke.

Este elegante puente peatonal de 304 m de longitud conecta el distrito Bercy de París con el de Tolbiac. La forma del puente está creada por dos arcos que forman también la estructura. Este entramado permite cruzar el puente de diversas maneras y además crea un espacio central donde disfrutar las vistas a la catedral de Notre Dame o la ciudad histórica, así como sirve de mirador para los eventos que se realizan en el río. La pasarela está revestida de roble estriado y las balaustradas han sido reforzadas con unas mallas de acero inoxidable que, pese a su transparencia, son lo bastante visibles como para dar seguridad. La iluminación, integrada en la barandilla, potencia la esbelta silueta del puente.

Cette élégante passerelle piétonnière de 304 m de long relie les quartiers parisiens de Bercy et de Tolbiac. La forme du pont est donnée par deux arcs qui en constituent également la structure. Cet entrelacs permet de traverser la passerelle en suivant divers itinéraires et crée en son centre un espace où profiter de la vue sur la cathédrale Notre-dame ou la ville historique, espace mirador également conçu pour observer les manifestations organisées sur la rivière. La passerelle est revêtue d'un platelage en bois de chêne et ses garde-corps sont renforcés par un maillage en acier inoxydable qui, en dépit de sa légèreté, reste suffisamment visible pour rassurer. L'éclairage, intégré à la main courante, rehausse la svelte silhouette du pont.

Questo elegante ponte pedonale di 304 m di lunghezza mette in comunicazione il quartiere di Paris-Bercy con quello di Tolbiac. La sua forma è data da due archi che ne costituiscono altresì la struttura. Questo impalcato rende possibile attraversare in vari modi il ponte e crea, per di più, uno spazio centrale da cui ammirare la cattedrale di Notre Dame o la città storica, oltre al fatto che funge da belvedere per gli avvenimenti che hanno luogo nel fiume. La passerella è rivestita di quercia striata mentre le balaustre sono state rinforzate mediante maglie d'acciaio inossidabile che, nonostante la loro trasparenza, sono abbastanza visibili da trasmettere un senso di sicurezza. L'illuminazione, integrata nella ringhiera, trasmette una maggiore robustezza all'agile profilo del ponte.

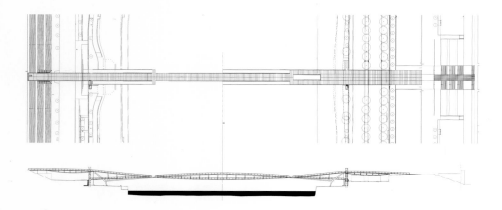

GRÜNTUCH ERNST ARCHITECTS | BERLIN, GERMANY

Website	www.gruentuchernst.de
Project	Penang Turf Club
Location	Penang, Malaysia
Year of completion	project
Image credits	Grüntuch Ernst Architects

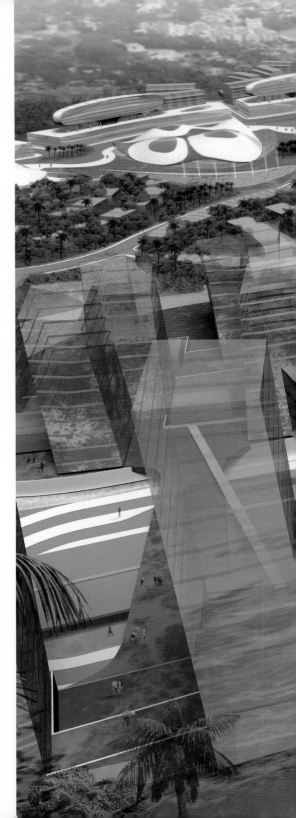

Many Asian cities are expanding rapidly, so there is a demand for new urban concepts to create sustainable environments which combine the use of the buildings with quality of life. Grüntuch Ernst's ideas are expressed in a proposal for a new neighborhood on the island of Penang. The fusion of the city with nature is the principal idea and will give the area its identity. Within this district, the plan is for high buildings to avoid traffic in the center, reserved for residential and recreational areas. Schools, businesses and even a mosque will be located on connected islands.

Durch die rapide Ausdehnung vieler Städte in Asien entsteht ein Bedarf für neue städtebauliche Konzepte, in denen nachhaltige Umgebungen geschaffen werden, welche die Gebäudenutzung mit Lebensqualität verbinden. Grüntuch Ernsts Ideen kommen in einem Entwurf für ein neues Wohnviertel auf der Insel Penang zum Ausdruck. Die grundlegende Idee dabei ist die Fusion von Stadt und Natur, sie wird dem Gebiet seine Identität geben. Innerhalb dieses Distriktes sollen hohe Gebäude den starken Verkehr im Zentrum verhindern, das für Wohn- und Erholungsbereiche vorgesehen ist. Schulen, Geschäfte und sogar eine Moschee werden auf angegliederten Inseln angesiedelt.

Muchas ciudades de Asia crecen a un ritmo muy rápido, por lo que se están buscando nuevos conceptos urbanos para crear lugares sostenibles que fusionen los usos de las construcciones y la calidad de vida. Las ideas de Grüntuch Ernst se plasman en su propuesta para un nuevo barrio en la isla de Penang. La fusión de ciudad y naturaleza es la idea principal y aquello que dota de identidad al barrio. En los límites de éste se proyectan edificios altos para evitar el tráfico en el centro, reservado para áreas residenciales y de recreo. Escuelas, comercios e incluso una mezquita se ubican en islas conectadas entre sí.

Le rythme accéléré auquel s'étendent de nombreuses villes d'Asie exige de chercher de nouveaux concepts urbains, de manière à créer des lieux durables conciliant l'office pour lequel les constructions sont érigées et la qualité de la vie. Les convictions du cabinet Grüntuch & Ernst en la matière s'expriment par cette proposition pour un nouveau quartier dans l'île de Penang. La fusion entre ville et nature est ici l'idée force et ce qui donne son identité au quartier. Aux limites de celui-ci, de grands immeubles sont projetés pour éviter la circulation dans le centre, réservé aux zones résidentielles et de loisirs. Les écoles, les commerces et même une mosquée trouvent place dans des îles reliées les unes aux autres.

Molte città dell'Asia crescono a un ritmo rapido e, per tale ragione, si stanno cercando nuovi concetti urbani atti a creare luoghi sostenibili in grado di fondere la funzionalità delle costruzioni e la qualità della vita. Le idee di Grüntuch Ernst si plasmano nella sua proposta per un nuovo quartiere sull'isola di Penang. La fusione di città e natura è l'idea principale nonché l'elemento che costituisce l'identità del quartiere. Nel perimetro di quest'ultimo sono progettati elevati edifici onde evitare il traffico nel centro, riservato a zone residenziali e di svago. Scuole, negozi e perfino una moschea sorgono su isole collegate tra loro.

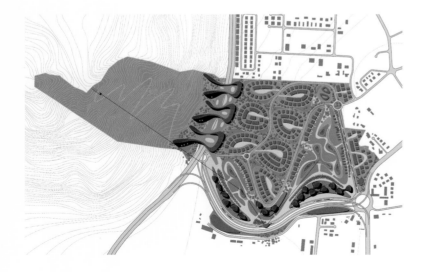

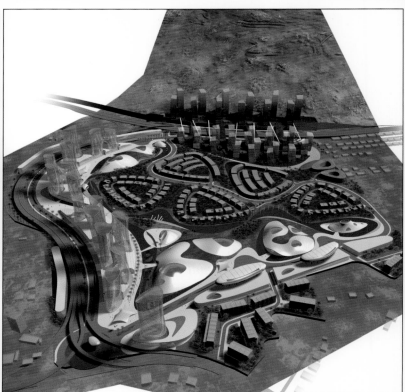

GRUPO DE DISEÑO URBANO/MARIO SCHJETNAN | MEXICO CITY, MEXICO

Website	www.gdu.com.mx
Project	Water Mirror
Location	Chapultepec Park, Mexico City, Mexico
Year of completion	2005
Materials	reinforced concrete with waterproofing, basaltic black paving stone, round or river stones set in sand, stainless steel garbage cans, tubular steel (sun loungers), bases and epoxic paint, water cut steel sheet profiles (main sign), electrostatic paint
Photo credits	Francisco Gómez Sosa

Chapultepec Park is probably the oldest in America. There are records of interventions ordered by Moctezuma in the 13th century. The park, which has been enlarged on various occasions throughout its history, had problems in its gardens, infrastructures, the water in its lakes, etcetera. Citizen groups and the town hall got together to oversee a full reconstruction. The water mirror is one of five areas the architects redesigned. This intervention improved the quality of the water, irrigations and plumbing. The channel connects two of the most important buildings in the park, the Museum of Archeology and the Tamayo Museum.

Der Park von Chapultepec ist wahrscheinlich der älteste in Amerika. Nachweislich hatte schon Moctezuma im 13. Jh. hier Eingriffe vorgenommen. Der Park wurde im Laufe seiner Geschichte mehrfach erweitert und es gab Probleme bei den Gärten, der Infrastruktur, dem Wasser in den Seen usw. Städtische Verbände und die Stadtverwaltung kamen zusammen, um eine integrale Umgestaltung zu ermöglichen. Der Wasserspiegel ist einer der fünf Bereiche, die von den Architekten umgestaltet wurden. Dadurch wurden die Wasserqualität, die Bewässerung und das Rohrleitungssystem deutlich verbessert. Der Kanal verbindet zwei der wichtigsten Gebäude im Park miteinander, das Archäologiemuseum und das Tamayo-Museum.

El parque de Chapultepec es probablemente el más antiguo de América. Existen evidencias de intervenciones encargadas por Moctezuma en el siglo XIII. El parque, que se ha ampliado en varias ocasiones a lo largo de su historia, presentaba problemas en los jardines, las infraestructuras, el agua de los lagos, etcétera. Entidades ciudadanas y el ayuntamiento se reunieron para conseguir una remodelación integral. El espejo de agua es una de las cinco acciones que los arquitectos desarrollaron en el parque. Esta actuación ha mejorado la calidad de las aguas, la irrigación y las tuberías. El canal une dos de los más importantes edificios del parque, el Museo de Arqueología y el Museo Tamayo.

Le parc de Chapultepec est probablement le plus ancien d'Amérique. Il y existe des traces d'interventions ordonnées par Moctezuma au XIIIᵉ siècle. Agrandi à plusieurs reprises au cours de son histoire, ce parc pêchait par bien des aspects : jardins, infrastructures, eaux des lacs, etc. Diverses associations citoyennes et la mairie se sont unies pour en obtenir la réhabilitation de fond en combles. L'intervention pratiquée sur le plan d'eau, l'une des cinq exécutées par les architectes dans le parc, a permis d'améliorer la qualité des eaux, l'irrigation et les tuyauteries. Un canal réunit désormais deux des plus importants bâtiments des lieux, le Musée d'archéologie et le Musée Tamayo.

Il parco di Chapultepec è probabilmente il più antico di tutto il continente americano: ci sono perfino prove di interventi voluti da Moctezuma in persona nel XIII secolo. Il parco, ampliato a più riprese nel corso della sua storia, presentava problemi a livello dei giardini, delle infrastrutture, dell'acqua dei laghi, eccetera. Alcune associazioni di cittadini e il Comune si sono riuniti per decidere una ristrutturazione completa. Lo specchio d'acqua è stato uno dei cinque elementi sviluppati nel parco dagli architetti. Tale intervento ha migliorato la qualità delle acque, l'irrigazione e il sistema di tubature. Il canale collega due dei più importanti edifici del parco, il Museo d'Archeologia e il Museo Tamayo.

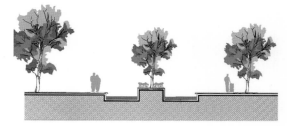

HENTRUP HEYERS FUHRMANN ARCHITEKTEN | AACHEN, GERMANY

Website	www.hentrup-heyers.de
Project	Remodelling of Station Square
Location	Aachen, Germany
Year of completion	2006
Materials	local concrete, joint grid, dark basalt plaster, stone carpet
Photo credits	Jörg Hempel

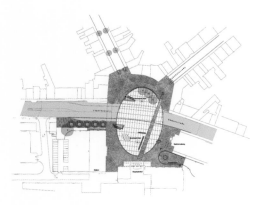

This plaza and its remodeling form the image of this city, an invitation card for visitors. The new space, with its marked elliptical shape, uses its pavement to connect two halves. The design creates a unified image of the plaza, despite the path that crosses it. The objective is to improve access to the station and the transit of vehicles around it. Two large light towers, one on each focal point of the ellipse, illuminate the entire area and, after dark, reinforce the spatial unity of the plaza. They also serve to improve the spatial orientation while doubling as places for inhabitants to gather. An area with a different kind of pavement represents a stone carpet that marks the direct path to the city center.

Dieser Platz in seiner neuen Form ist zu einer Visitenkarte der Stadt und einer Einladung für Besucher geworden. Der neue Raum führt durch seine Ellipsenform und einheitliche Materialität die bisher deutlich getrennten Platzhälften wieder zusammen, obwohl die Fahrbahn weiterhin über den Platz verläuft. Zwei große markante Lichtstelen, die an den „Brennpunkten" der Ellipse stehen, beleuchten die gesamte Fläche und verstärken bei Dunkelheit die einheitliche Wirkung des Platzes. Sie tragen außerdem dazu bei, die räumliche Orientierung zu verbessern und dienen als Treffpunkte für die Einwohner. Ein Bereich mit abweichender Pflasterung stellt einen Steinteppich dar, der den direkten Weg ins Stadtzentrum anzeigt.

Esta plaza y su remodelación son la imagen de la ciudad, la tarjeta de invitación para los visitantes. El nuevo espacio, de una marcada forma elíptica, une dos mitades gracias al pavimento. El diseño crea una imagen unificada de la plaza, a pesar de la calzada que la atraviesa. El objetivo es mejorar el acceso y el tránsito de vehículos alrededor de la estación. Dos grandes torres de luz, cada una en un foco de la elipse, iluminan toda la superficie y en la oscuridad refuerzan la sensación de unidad de la plaza. Además, permiten mejorar la orientación espacial y también actúan como lugares de relación para los habitantes. Una zona con otro tipo de pavimento representa una alfombra de piedra que marca el camino directo hacia el centro de la ciudad.

Cette place et son réaménagement constituent l'image de la ville, le carton d'invitation qu'elle adresse à ses visiteurs. De forme elliptique accusée, le nouvel espace fait le lien entre deux moitiés grâce à son dallage. Le design a le don d'unifier l'aspect qu'offre la place, en dépit de la chaussée qui la traverse. L'objectif consiste à améliorer l'accès et la circulation des véhicules autour de la gare. Deux grandes tours de lumière, chacune à un point focal de la ellipse, illuminent toute la surface et renforce la sensation d'unité de la place. Elles contribuent en outre à faciliter l'orientation spatiale et font également office de point de rendez-vous pour les habitants. Habillé d'un autre type de revêtement, un secteur du sol semblable à un tapis de pierre indique le plus court chemin vers le centre de la ville.

Questa piazza e la sua ristrutturazione costituiscono l'immagine stessa della città, il biglietto di presentazione per coloro che la visitano. Il nuovo spazio, caratterizzato da un'accentuata forma ellittica, unisce due metà grazie alla pavimentazione. Il design crea un'immagine unitaria della piazza, nonostante sia attraversata da una strada. Lo scopo è quello di migliorare l'accesso e il transito di veicoli intorno alla stazione. Due imponenti tralicci di luce, posti in corrispondenza dei fuochi dell'ellisse, illuminano tutta la superficie e rafforzano, nel buio, la sensazione d'unità della piazza. Inoltre, contribuiscono a migliorare l'orientazione spaziale e fungono da luoghi di ritrovo per gli abitanti. Una zona con un altro tipo di pavimentazione rappresenta un tappeto di pietra che indica la via diretta verso il centro della città.

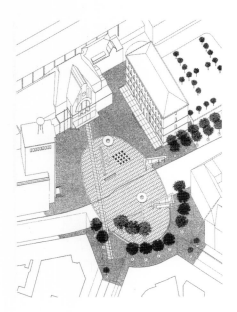

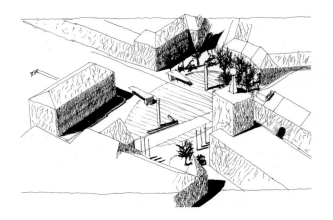

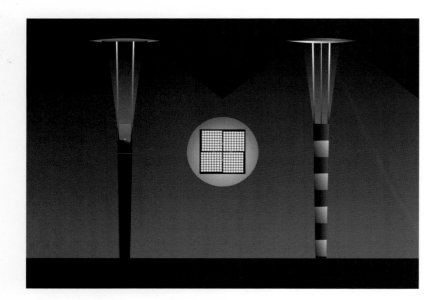

HEMPRICH TOPHOF ARCHITEKTEN | BERLIN, GERMANY

Website	www.hemprichtophof.de
Project	Areal around Ostbahnhof
Location	Berlin, Germany
Year of completion	in construction (2012)
Photo credits	Hemprich Tophof Architekten/Norbert Meise

This project began when Anschutz Entertainment Group purchased the old Ostbahnhof pier, where they plan to build a covered stadium for sporting, cultural and entertainment events. The plan also includes the construction of an urban area which will be a meeting point and a place to live and work. Between the stadium and the post office a hotel will be erected, along with a car park and several business premises. All these elements will function individually, but within a global concept. The location and the access to public transport will make this a very attractive place for visitors.

Dieses Projekt begann mit dem Kauf des alten Ostbahnhof-Piers duch die Anschutz Entertainment Group, die dort den Bau eines überdachten Stadions für Veranstaltungen in den Bereichen Sport, Kultur und Unterhaltung plant. Das Projekt beinhaltet auch die Entwicklung eines urbanen Bereiches, der als Treffpunkt und Platz zum Leben und Arbeiten vorgesehen ist. Zwischen dem Stadion und der Post wird ein Hotel errichtet, sowie ein Parkplatz und mehrere Geschäftsräume. All diese Elemente haben individuelle Funktionen, sind jedoch in ein umfassendes Konzept eingegliedert. Durch den Standort und den Zugang zu öffentlichen Verkehrsmitteln wird dieser Ort für Besucher sehr attraktiv gestaltet.

Este proyecto se inicia con la adquisición, por parte de Anschutz Entertainment Group, del antiguo muelle de mercancías Ostbahnhof. En este espacio se construirá un estadio cubierto para eventos deportivos, culturales y de entretenimiento. También se ha planificado la construcción de un área urbana como punto de encuentro y como un lugar para vivir y trabajar. Entre el estadio y el edificio de correos se construirá un hotel, un aparcamiento y varios comercios. Todos estos elementos funcionarán de forma individual, pero bajo un concepto global. La localización y los accesos al transporte público harán de este espacio un lugar atractivo para los visitantes.

Ce projet débute avec l'achat, par Anschutz Entertainment Group, de l'ancien quai de marchandises Ostbahnhof. On y construira un stade couvert pour toutes sortes de manifestations, sportives, culturelles et de loisirs. Il est également prévu d'en urbaniser une partie avec des logements, des bureaux et des lieux de rencontre. Entre le stade et le bâtiment des postes, un hôtel, plusieurs commerces et un parc de stationnement seront construits ; ils fonctionneront indépendamment les uns des autres, mais sous un même concept. L'emplacement et les accès au transport public feront de cet espace un lieu séduisant pour les visiteurs.

Questo progetto ha inizio mediante l'acquisto, da parte dell'Anschutz Entertainment Group, del vecchio scalo merci Ostbahnhof. In questo spazio verrà costruito uno stadio coperto per avvenimenti sportivi, culturali e di svago. È stata progettata, inoltre, la realizzazione di un'area urbana come punto di incontro e come un luogo in cui vivere e lavorare. Tra lo stadio e l'edificio delle poste si prevede di costruire un albergo, un parcheggio e vari negozi. Tutti questi elementi funzioneranno singolarmente, ma all'interno di un concetto complessivo. Grazie alla sua situazione e agli accessi ai mezzi pubblici di trasporto questo spazio sarà un luogo molto attraente per i visitatori.

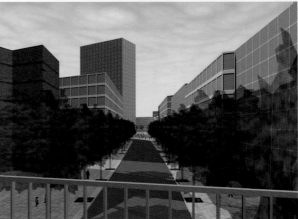

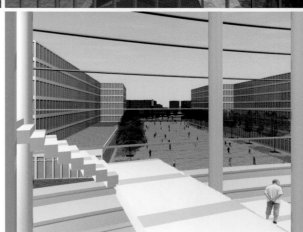

INGENHOVEN ARCHITECTS | DUSSELDORF, GERMANY

Website	www.ingenhovenundpartner.de
Project	Stuttgart Main Station
Location	Stuttgart, Germany
Year of completion	in construction
Photo credits	Ingenhoven Architects

In Europe, 19th century train stations have become areas for urban expansion. The passage of time has meant that these same stations are preventing the development of large cities. Stuttgart is a case in point: the current station is a terminus, which prevents the connection of the European high speed network. The Stuttgart 21 project includes a new station built 39 feet off the ground and the creation of a neighborhood in the area freed up by its construction. Circular skylights in the new structure will allow natural light to flow in. The ecological design minimizes the use of construction materials and avoids the need to install heating, air-conditioning or ventilation.

In Europa gehören die Bahnhöfe aus dem 19. Jahrhundert zu den Bereichen der städtebaulichen Erweiterung. Mit der Zeit verhindern diese Bahnhöfe jedoch die Entwicklung großer Städte. Ein typisches Beispiel dafür ist Stuttgart: Der derzeitige Bahnhof ist ein Kopfbahnhof, der die Verbindung zum europäischen Hochgeschwindigkeitsnetz verhindert. Das Projekt Stuttgart 21 plant einen neuen Bahnhof, der sich 12 m unter der Erde befindet; in dem freien Bereich, wo sich das alte Gebäude befunden hatte, wird man ein neues Viertel gestalten. Kreisförmige Oberlichter in dem neuen Bauwerk erlauben den Einfall von natürlichem Licht. Das umweltverträgliche Design minimiert die Verwendung von Baumaterialien und macht die Installation von Heizungen, Klimaanlagen oder Belüftungen überflüssig.

En Europa, las estaciones de tren del siglo XIX se convirtieron en áreas de expansión urbanística. El paso de los años ha supuesto que estas mismas estaciones sean un freno para el desarrollo de las urbes. La ciudad de Stuttgart representa uno de estos casos; su estación actual es de término, lo que impide la conexión con la red europea de alta velocidad. El proyecto Stuttgart 21 incluye una nueva estación a 12 m del suelo, y en la zona liberada se construirá un nuevo barrio. La estación tendrá luz natural gracias a unas claraboyas circulares. El diseño ecológico minimiza el uso de materiales constructivos y evita instalar calefacción, aire acondicionado o ventilación.

En Europe, les gares ferroviaires du XIXᵉ siècle se sont transformées en zones d'expansion urbanistique. Le passage des années a fait d'elles un frein au développement des métropoles. La ville de Stuttgart est à cet égard représentative ; sa gare actuelle est un terminus, ce qui en empêche la liaison avec le réseau européen à grande vitesse. Le projet Stuttgart 21 comprend une nouvelle gare à 12 m du sol, et la construction d'un nouveau quartier dans la zone ainsi libérée. La gare sera éclairée naturellement au moyen de lanterneaux circulaires. La conception écologique permet d'utiliser moins et mieux les matériaux de construction, évitant ainsi d'avoir à installer des systèmes de chauffage, de climatisation ou d'aération.

In Europa, nel XIX secolo, le stazioni ferroviarie furono aree d'espansione urbanistica. Con il passare degli anni, tuttavia, le stesse sono divenute un freno allo sviluppo delle città. Stoccarda rappresenta uno di questi casi; la sua stazione attuale è di termine, e ciò impedisce l'allacciamento alla rete europea di alta velocità. Il progetto Stuttgart 21 prevede una nuova stazione sotterranea a 12 m dal suolo, mentre nella zona lasciata libera dal vecchio edificio si costruirà un nuovo quartiere. La stazione riceverà luce naturale grazie alla presenza di lucernari circolari. Il design ecologico riduce al minimo l'impiego di materiali edili ed evita d'installare impianti di riscaldamento, aria condizionata o sistemi di ventilazione.

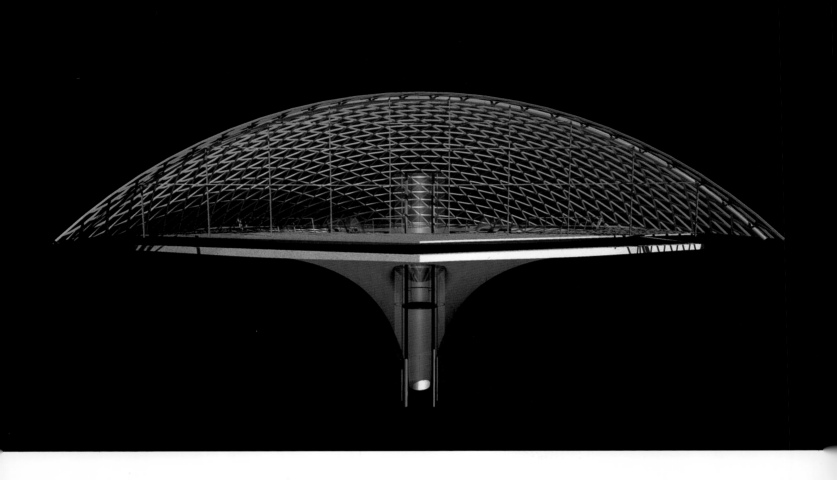

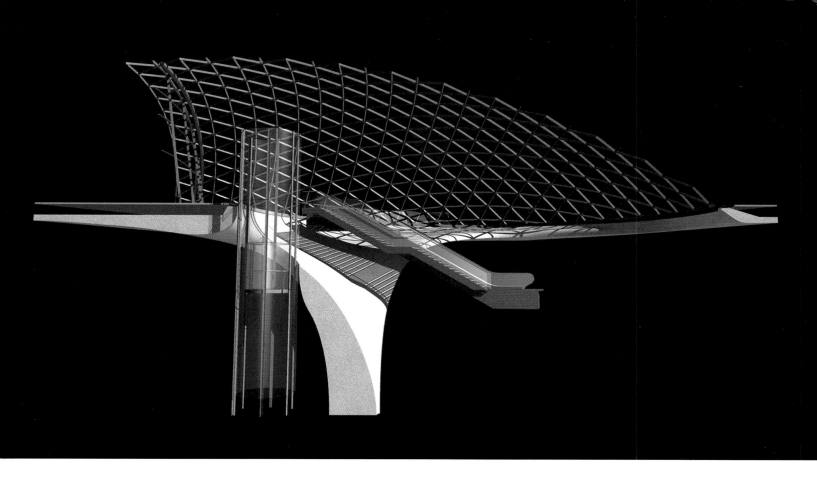

JML ARQUITECTURA DEL AGUA | BARCELONA, SPAIN

Website	www.jeanmaxllorca.com
Project	Water Square
Location	Blanc-Mesnil, France
Year of completion	2006
Materials	wood, decorative mortars
Photo credits	Stéphane Llorca

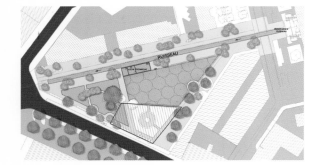

Water forms an important part of the politics for this city located in the Parisian suburbs. The architects' proposal highlights this connection with water. The Square is a large and flexible public entertainment space. A closed circuit of recycled water allows for different effects depending on the season and the event: water can appear or disappear; in summer the square transforms into a pool that cools one from the heat while vapors create a unique mysterious effect. Other elements of this project are its vegetation, chosen to highlight the space's image as a wetland, and the materials, which create a warm atmosphere for citizens.

Das Wasser spielt eine wichtige Rolle in der Kommunalpolitik dieser Stadt in der Nähe von Paris, und der Vorschlag der Architekten unterstreicht die Verbindung mit diesem Element. Der Platz ist ein großer und flexibler öffentlicher Raum. Aufgrund des geschlossenen Kreislaufs von wiederverwertetem Wasser ist es möglich, je nach Jahreszeit und Anlaß, unterschiedliche Effekte zu erzielen. Das Wasser kann tatsächlich auftauchen und verschwinden: Im Sommer verwandelt sich der Platz in ein Schwimmbecken. Durch die Verdunstung wirkt er geheimnisvoll und einzigartig. Andere wichtige Elemente des Platzes sind die Vegetation, die bewusst den Raum wie ein Feuchtgebiet wirken lässt, und die Materialien, die eine einladende Umgebung für die Bürger entstehen lassen.

Para esta ciudad, situada en la periferia de París, el agua forma parte importante de su política municipal. La propuesta de los arquitectos destaca este vínculo con el agua. La plaza es un gran espacio público, lúdico y flexible. Un circuito cerrado de agua que se recicla permite crear diferentes efectos en función de las estaciones y de los eventos: el agua puede aparecer o desvanecerse; en verano, la plaza se transforma en una piscina que alivia el calor y la vaporización crea un efecto misterioso y singular. Otros de los elementos de este proyecto son la vegetación, escogida para acentuar la imagen del espacio como un humedal, y los materiales, que crean un entorno cálido para los ciudadanos.

L'eau étant un point majeur de la politique municipale de cette ville de la périphérie parisienne, les architectes se sont attachés, dans leur proposition, à mettre l'accent sur le lien qu'elle entretient avec cet élément. La place est un vaste espace public, ludique et flexible. Un circuit fermé où l'eau est recyclée permet de créer différents effets en fonction des saisons et des événements : l'eau peut ainsi surgir ou s'évanouir ; en été, la place se transforme en piscine, atténuant les effets de la chaleur, et la vaporisation y instaure une atmosphère mystérieuse et singulière. Le projet a pour autres éléments la végétation, choisie pour accentuer la parenté des lieux avec un marécage, et les matériaux, qui conforment un environnement chaleureux pour les citadins.

In questa città, che sorge alla periferia di Parigi, l'acqua è una parte importante della politica comunale e la proposta degli architetti tende a risaltare tale legame con questo elemento. La piazza è un grande spazio pubblico, ludico e flessibile. Grazie a un circuito chiuso d'acqua che viene riciclata è possibile creare diversi effetti in base alle stagioni e agli avvenimenti; l'acqua può, infatti, apparire o scomparire: in estate, la piazza si trasforma in una piscina che reca alla cittadinanza un fresco sollievo mentre l'evaporazione crea un effetto misterioso e singolare. Altri elementi che caratterizzano il progetto sono la vegetazione, scelta per accentuare l'immagine dello spazio in quanto zona umida, e i materiali, che costruiscono un ambiente caldo e accogliente per i cittadini.

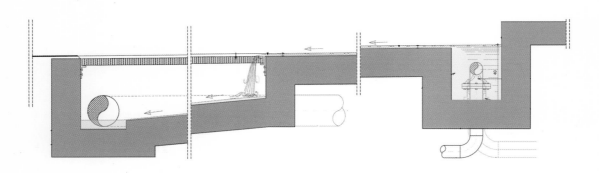

JÜRGEN MAYER H. | BERLIN, GERMANY

Website	www.jmayerh.de
Project	Marktplatz
Location	Ostfildern, Germany
Year of completion	2002
Materials	anodized aluminum, concrete, Makrolon (lit ceilings)
Photo credits	David Franck

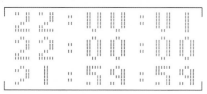

This locality's town hall is a multi-purpose space that houses offices, library, art gallery, music halls, etc. It's located in the center of Scharnhauser Park near Stuttgart airport. The building blends with its context by way of various urban elements in the plaza. Animations between water and light, which represent the subtle relationship between nature and technology, form an integral part of the whole. A computer-animated curtain of water falls from the town hall's ceiling and a lighting installation in the plaza rounds out the project. Hanging fiberglass cables move about with the wind and scatter projected light across the ground below.

Das Stadthaus dieses Ortes ist ein multifunktionelles Gebäude, in dem sich Büroräume, die Bibliothek, eine Kunstgalerie, eine Musikschule usw. befinden. Es liegt im Zentrum des Scharnhauser Parks in der Nähe des Flughafens Stuttgart. Der Bau ist mit seiner Umgebung eng verbunden, und zwar durch verschiedene urbane Elemente des Platzes. Eine Wasser- und Lichtinstallation, die die subtilen Beziehungen zwischen Natur und Technologie symbolisiert, ist ein fester Bestandteil des Gebäudes. Ein Wasservorhang, der auf das Dach des Stadthauses fällt, und die Lichtinstallation auf dem Platz vervollständigen das Bild. Hängende Glasfaserkabel werden vom Wind bewegt und projizieren Lichtpunkte auf den Boden.

El ayuntamiento de esta localidad es un espacio multifuncional que reúne oficinas, biblioteca, galería de arte, aulas de música, etcétera. Está situado en el centro del parque Scharnhauser, cerca del aeropuerto de Stuttgart. El edificio se entrelaza con el entorno a través de varios elementos urbanos de la plaza. Unas animaciones de agua y luz, que representan las sutiles relaciones entre naturaleza y tecnología, son parte integral del conjunto. Una cortina de agua animada por ordenador cae del techo del ayuntamiento y una instalación de luz en la plaza completa el conjunto. Unos cables colgantes de fibra de vidrio, que se mueven por efecto del viento, proyectan puntos de luz sobre el suelo.

L'hôtel de ville de cette localité est un espace multifonctionnel comprenant des bureaux, une bibliothèque, une galerie d'art, des salles de musique, etc. Il occupe le centre du parc Scharnhauser, non loin de l'aéroport de Stuttgart. Le bâtiment se marie au contexte environnant grâce à divers éléments urbains disposés sur la place. Des jeux d'eau et de lumière, évocateurs de subtiles relations entre la nature et la technologie, font partie intégrante de l'ensemble. Un rideau liquide commandé par ordinateur tombe de la toiture de l'hôtel de ville, et, sur la place, une installation lumineuse complète le tout. Balancés par le vent, des câbles de fibre de verre suspendus projettent sur le sol des taches de lumière.

Il palazzo del Comune di questa località è uno spazio polifunzionale comprendente uffici, biblioteca, galleria d'arte, aule di musica, eccetera, che sorge al centro del parco Scharnhauser, nei pressi dell'aeroporto di Stoccarda. L'edificio stabilisce un forte nesso con il contesto mediante diversi elementi urbani della piazza. Come parte del complesso, ci sono alcuni giochi d'acqua e di luce, che rappresentano i sottili rapporti tra la natura e la tecnologia. Una cortina d'acqua, animata mediante computer, cade dal soffitto del Comune e il tutto è completato da un impianto luminoso nella piazza: alcuni cavi sospesi in fibra di vetro, che si muovono a causa del vento, proiettano diversi punti luce sul pavimento.

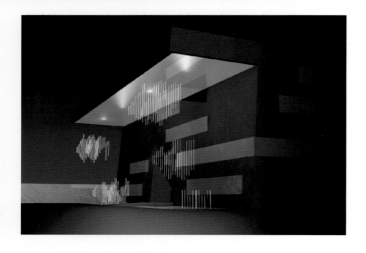

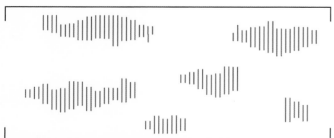

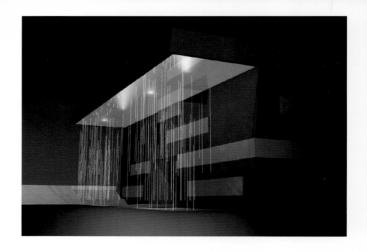

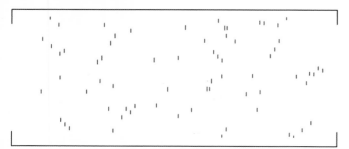

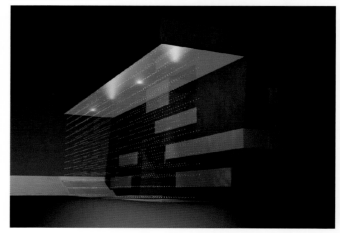

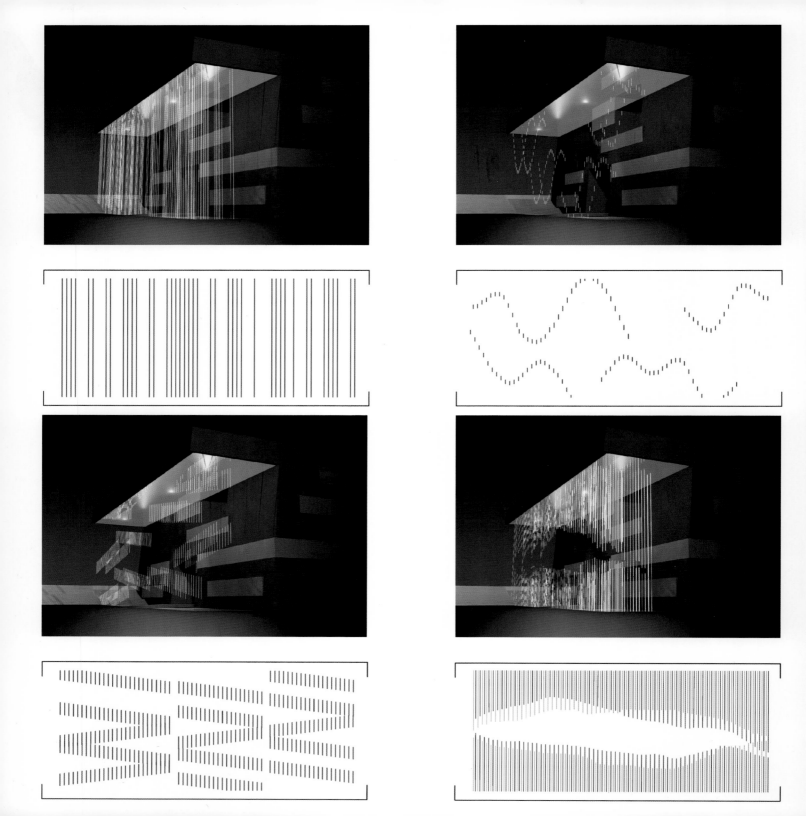

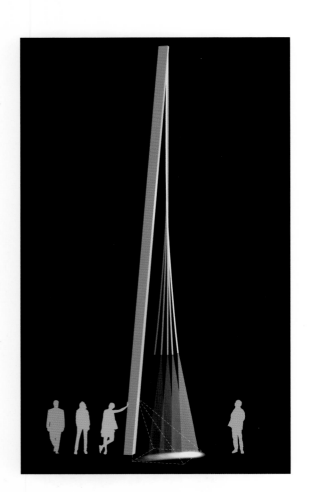

KALHÖFER KORSCHILDGEN; HOLGER GOSSNER (ASSISTANT); KALHÖFER & ROGMANS/MARC ROGMANS (FAÇADE) | COLOGNE, GERMANY

Website	www.kalhoefer-korschildgen.de
	www.kalhoefer-rogmans.de
Project	Cloister Glass Façade
Location	Arnsberg, Germany
Year of completion	2007
Materials	glass and steel (structure)
Photo credits	Jörg Hempel

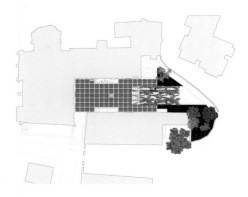

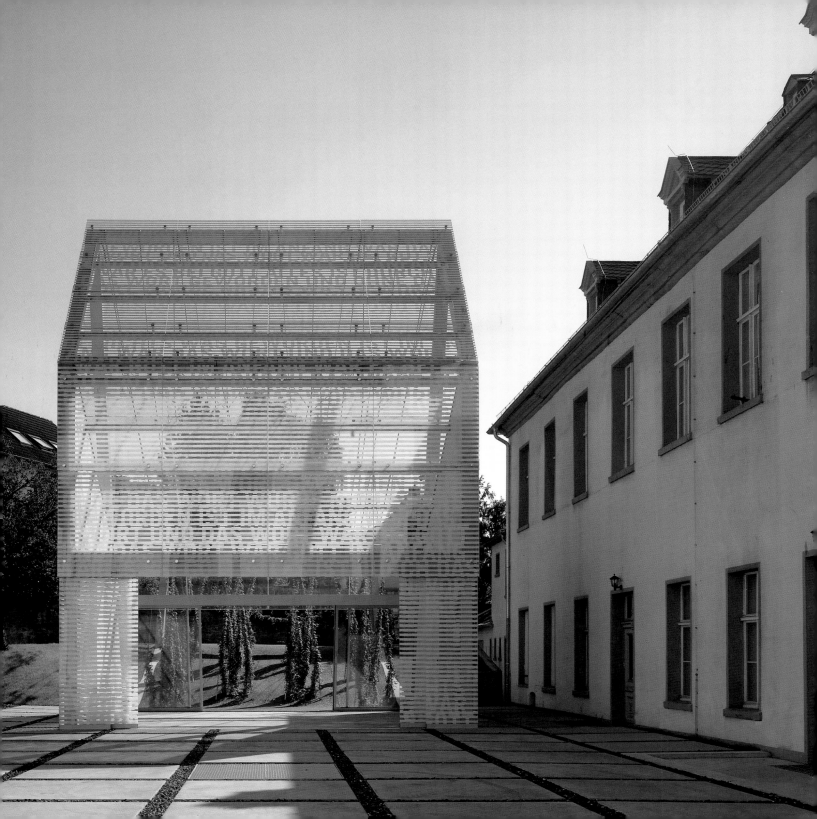

The 1885 demolition of the south wing of the Wedinghausen Monastery opened the patio towards the exterior. This symbolized social renovation while giving the space greater depth and sunlight. The current project seeks to recover and highlight the place's spirituality. Alongside the patio, which serves as an area for gathering, we find the pavilion of light, which is a diaphanous, almost transparent, space that has been raised where the south wing once stood and explores the limits of space and light. A vegetation area, which symbolizes the monastic garden, is behind this construction. The light helps to create a spiritual atmosphere, reaching the patio after passing through the green area and pavilion, making it another leading protagonist in this project.

Im Jahr 1885 wurde der Südflügel des Klosters von Wedinghausen abgerissen und so der Hof nach außen hin geöffnet. Dies wurde zum Symbol einer intensiven gesellschaftlichen Erneuerung, und Tiefe wie auch Helligkeit wurden in diesen Bereich gebracht. In einer neuen Umgestaltungsphase versuchte man die Spiritualität des Raumes wieder herzustellen und zu unterstreichen. Am Hof, der ein Ort der Andacht ist, steht der Lichtpavillon, ein fast transparenter Bau. Er befindet sich dort, wo einst der Südflügel stand, ein Platz, an dem die Grenzen des Raums und des Lichts erforscht werden. Eine Grünzone, die den Klostergarten symbolisiert, liegt hinter dem Gebäude. Das Licht trägt dazu bei, eine spirituelle Atmosphäre zu schaffen, und es fällt durch die Grünzone und den Pavillon in den Hof. So wird das Licht zu einem der wichtigsten Gestaltungselemente.

La demolición en 1885 del ala sur del monasterio de Wedinghausen abrió el patio al exterior. Esto simbolizó una renovación social y aportó profundidad y luz al espacio. El proyecto actual busca recuperar y acentuar la espiritualidad del lugar. Junto al patio, el rincón para el recogimiento, se encuentra el pabellón de luz, un espacio diáfano, casi transparente, que se eleva en la desaparecida ala sur y donde se exploran los límites del espacio y de la luz. Una zona de vegetación, que simboliza el jardín monacal, se encuentra detrás de este volumen. La luz, que ayuda a crear esta atmósfera espiritual, llega al patio tras atravesar la zona verde y el pabellón, lo que la convierte en la otra protagonista del proyecto.

A la faveur de la démolition, en 1885, de l'aile sud du monastère de Wedinghausen, la cour a été ouverte vers l'extérieur, signe de renouveau sociétal qui s'est traduit par un apport de profondeur et de lumière à l'espace. Le projet actuel vise à récupérer la spiritualité des lieux, en l'accentuant. À côté de la cour, recoin pour le recueillement, se trouve le pavillon de lumière, un espace diaphane, presque transparent, qui s'élève à l'emplacement de l'aile sud disparue et où l'on explore les limites de l'espace et de la lumière. Une zone de végétation symbolisant le jardin monacal est située à l'arrière de ce volume. La lumière, qui concourt à créer cette atmosphère spirituelle, pénètre dans la cour après avoir traversé l'espace vert et le pavillon, s'imposant ainsi comme un autre interprète majeur du projet.

Grazie alla demolizione dell'ala sud del monastero di Wedinghausen, avvenuta nel 1885, fu possibile l'apertura del cortile all'esterno. Ciò fu il simbolo di un intenso rinnovamento sociale e dotò lo spazio di maggiore profondità e luminosità. Il progetto attuale cerca di recuperare e anche accentuare la spiritualità del luogo. Accanto al cortile, l'angolo preposto al raccoglimento, si trova il padiglione di luce, un luogo diafano, quasi trasparente, che sorge nell'ormai scomparsa ala sud e in cui si esplorano i limiti dello spazio e della luce. Una zona di vegetazione, che simboleggia il giardino dei monaci, si trova dietro questo volume. La luce, che aiuta a creare questa atmosfera spirituale, raggiunge il cortile dopo aver attraversato la zona verde e il padiglione, diventando così l'altra protagonista del progetto.

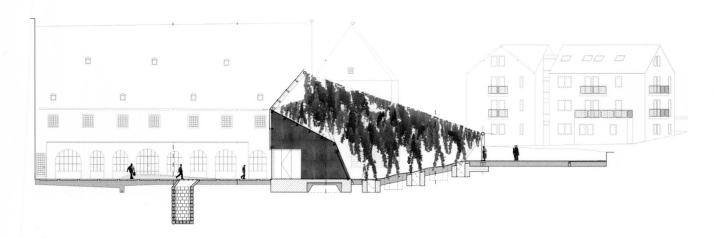

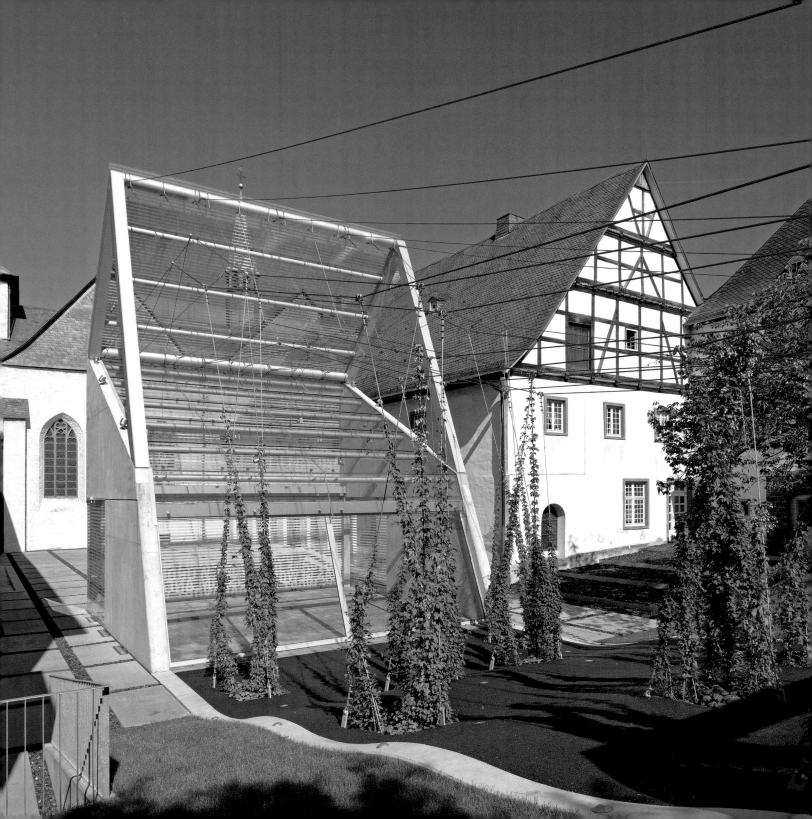

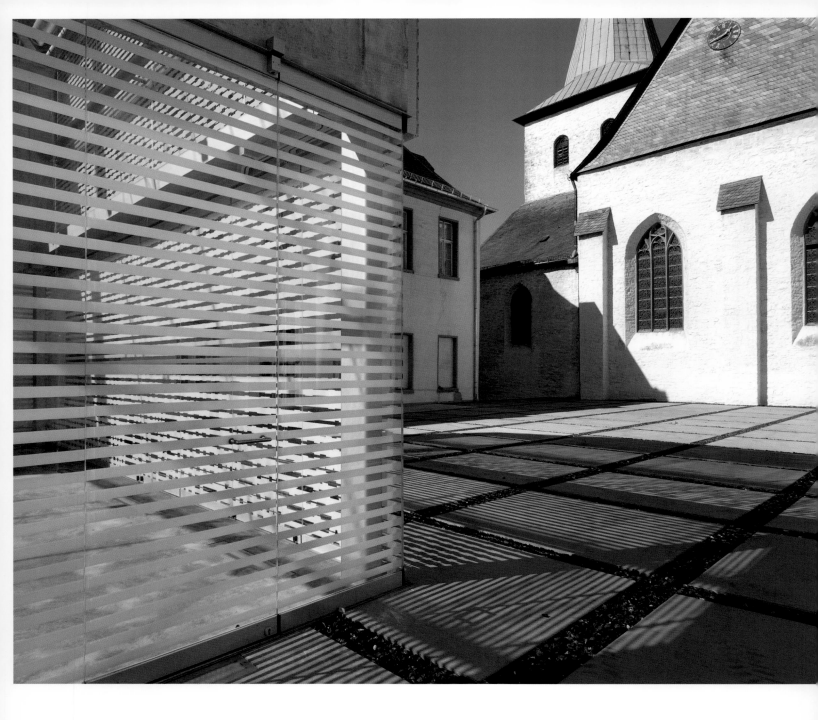

**KALHÖFER KORSCHILDGEN; DANIEL ANGULO GARCÍA, GERALD KLAHR,
MARC ROGMANS (ASSISTANTS) | COLOGNE, GERMANY**

Website	www.kalhoefer-korschildgen.de
Project	Route des Werkzeugs
Location	Remscheid, Germany
Year of completion	2007
Materials	embossed paintings in asphalt, corten steel sheets, asphalt (road markings), metal (mobile benches)
Photo credits	Jörg Hempel

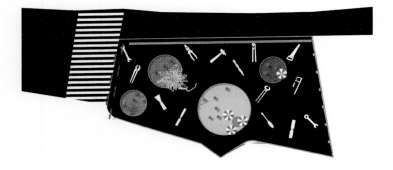

'Arbeits_spuren' is a journey through some work roads in an old industrial region. The route covers a representative part of the industrial city and includes small and large factories, and everything from natural open spaces to the city's framework. Along with the immediate experience that allows one to learn about the region's industrial past, there's also another important objective: to show the people's vital regional identity. The route uses tools that were symbolic of the industrial age as its motif, represented in pictograms by the artist Gerd Arntz and the architecture studio. These will be located in different squares and other areas along the route, such as on the road or on steel information panels.

„Arbeits_spuren" ist eine industriehistorische Route über die Arbeitswege einer alten, industrialisierten Region. Die Route führt durch die wichtigsten Teile dieser Industriezonen, durchquert kleine und große Fabriken, führt manchmal durch die freie Natur und auch durch die Straßen der Stadt. Zum einen wollte man dem Spaziergänger hier die Möglichkeit geben, die Geschichte der Industrie der Region kennen zu lernen, andererseits wollte man den lebendigen, regionalen Charakter der Gegend zeigen. Die Route wird von Werkzeugmotiven gesäumt, die das Industriezeitalter symbolisieren. Es handelt sich um Piktogramme des Künstlers Gerd Arntz und des Architekturbüros. Sie befinden sich auf dem Boden oder auf Stahltafeln an verschiedenen Plätzen und Abschnitten der Route.

«Arbeits_spuren» es una ruta a través de unos caminos de trabajo de una antigua región industrial. El recorrido conduce por una parte representativa de la ciudad industrial y atraviesa desde pequeñas hasta grandes fábricas, desde espacios naturales abiertos hasta el entramado de la ciudad. Junto con la experiencia inmediata que permite conocer la historia industrial de la región, existe otro objetivo importante: mostrar la identidad vital y regional de la población. La ruta tiene como motivo las herramientas, símbolo de la época industrial, representadas mediante pictogramas del artista Gerd Arntz y el estudio de arquitectura. Éstos están situados en algunas plazas y puntos del recorrido, como el pavimento y unos paneles informativos de acero.

« Arbeits_spuren » est un parcours au gré des itinéraires de travail d'une ancienne région industrielle. Il traverse une partie représentative de la ville industrielle, pénétrant dans de petites et de grandes usines, des espaces naturels ouverts et même le lacis des rues de la ville. Outre l'expérience immédiate permettant de découvrir l'histoire industrielle de la région, un autre objectif est ainsi atteint : montrer l'identité régionale et la vitalité de la localité. L'itinéraire a pour motif majeur les outils, symboles de l'ère industrielle, représentés par des pictogrammes de l'artiste Gerd Arntz et du cabinet d'architectes. On les trouve sur différentes places et à différents endroits au parcours, notamment au sol et sur des panneaux d'information en acier.

«Arbeits_spuren» è un itinerario che passa attraverso alcune vie che percorrevano gli operai di un'antica regione industriale e interessa una parte rappresentativa della città industriale snodandosi tra fabbriche grandi e piccole, toccando spazi naturali aperti e l'intreccio delle strade cittadine. Oltre a far vivere l'esperienza di conoscere direttamente la storia industriale della regione, esiste anche un altro importante obiettivo: mostrare la vitale identità regionale del centro urbano. L'itinerario segue il leitmotiv degli strumenti di lavoro, simbolo dell'epoca industriale, rappresentati da pittogrammi dell'artista Gerd Arntz e lo studio di architettura. Questi ultimi si trovano in varie piazze e in diversi punti del percorso, come il manto stradale o alcuni

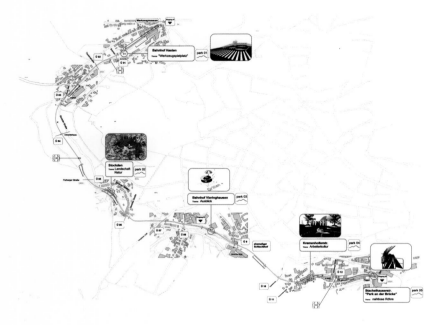

HAUPTBAHNHOF 4,0 km

PARK
KREMENHOLL 2,95 km

GRILLPLATZ
VIERINGHAUSEN 2,1 km

AUSSICHTSPUNKT
STOCKDEN 1,35 km

SPIELFLÄCHE
HASTEN

Nr.1 (basic)

Nr.2 (cherry)

Nr.2_(apple)

Nr.2_(birch)

Nr.2 (eucalyptus)

Nr.3_2 (Grillen +

Nr.2 (Sträucher)

Nr.3_1(Grillen basic)

MAP ARCHITECTS/JOSEP LLUÍS MATEO | BARCELONA, SPAIN

Website	www.mateo-maparchitect.com
Project	Largo da Devesa Square
Location	Castelo Branco, Portugal
Year of completion	2006
Materials	solid granite stones, Portuguese *calçada* (paving stones measuring 2.75 x 2.75 inches), stainless steel (chairs, benches, garbage cans and rails), Stadip glass
Photo credits	Xavier Ribas, Pedro Duarte, MAP Architects

This project, which included the design of the plaza and a civic center, is the largest public space in this city's historical center. One of the first and most important steps of the project consisted in establishing a topography that creates a space with gentle slopes to obtain an almost natural looking lake in front of the civic center, which is an old cavalry barracks. The space above is more urban. In addition to the smooth lines, we can also see an elaborate cobblestone pavement and dynamic street fixtures (some pieces are mobile). The use of this new space, which is even open at night, gathers various different types of people from the same city.

Durch dieses Bauprojekt, im Rahmen dessen ein Platz und ein Verwaltungszentrum angelegt wurden, entstand der größte öffentliche Raum im historischen Zentrum der Stadt. Einer der ersten und wichtigsten Schritte bestand darin, die Oberflächenform zu bestimmen und so schuf man durch sanfte Hänge einen fast natürlich anmutenden Teich, der gegenüber dem Verwaltungszentrum, einst eine Kaserne der Kavallerie, liegt. Der obere Bereich wirkt städtischer. Neben den sanften Linien fallen die kunstvoll gepflasterten Flächen und die dynamischen Straßenvorrichtungen auf, von denen einige Teile bewegt werden können. Dieser neue Raum ist sowohl tags als auch nachts ein beliebter Treffpunkt für die verschiedensten Bürger der Stadt.

Este proyecto, que incluía el diseño de la plaza y de un centro cultural, es el mayor espacio público del centro histórico de esta ciudad. Uno de los primeros y más importantes pasos del proyecto consistió en establecer la topografía, que definió un espacio cuyas suaves pendientes permiten la aparición, casi natural, de un estanque de agua frente al centro cultural, un antiguo cuartel de caballería. Arriba el espacio es más urbano. Además de las suaves líneas, destacan unos elaborados pavimentos con adoquines y un mobiliario urbano dinámico (algunas piezas son móviles). El uso de este nuevo espacio, que incluso por la noche está concurrido, reúne a diferentes públicos de la misma ciudad.

Ce projet, qui comprenait la conception de la place et d'un centre culturel, est le plus grand espace public du centre historique de la ville. Une de ses premières et de ses plus importantes étapes a consisté à établir la topographie, définissant ainsi un espace dont les pentes douces permettent l'apparition quasiment naturelle d'un étang face au centre culturel, une ancienne caserne de cavalerie. Sur les hauteurs, l'espace se fait plus urbain. Outre les lignes en douceur, on remarquera le pavement très élaboré et le dynamisme du mobilier urbain (certaines pièces sont amovibles). Ce nouvel espace, très fréquenté y compris la nuit, fait l'unanimité et rassemble différents publics de la ville.

Questo progetto, comprendente il design della piazza e di un centro culturale, riguarda il maggiore spazio pubblico del centro storico di questa città. Uno dei primi passi più importanti in questo senso è stato quello di stabilire la topografia, per delimitare una zona caratterizzata da dolci pendenze grazie alle quali si è potuto, in modo quasi naturale creare uno stagno d'acqua di fronte al centro culturale, un'antica caserma di cavalleria. Nella parte superiore, lo spazio risulta più urbano. Oltre alla dolcezza delle linee, spicca un'elaborata pavimentazione di sampietrini e un arredamento urbano dinamico (alcuni pezzi sono mobili). Questo nuovo spazio di riunione, molto frequentato perfino di notte, accoglie diversi pubblici della stessa città.

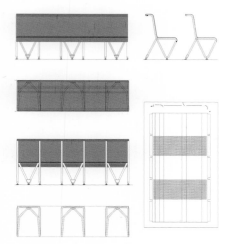

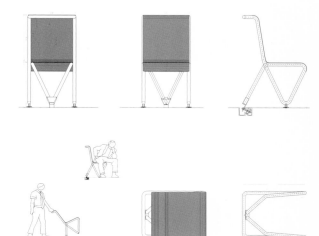

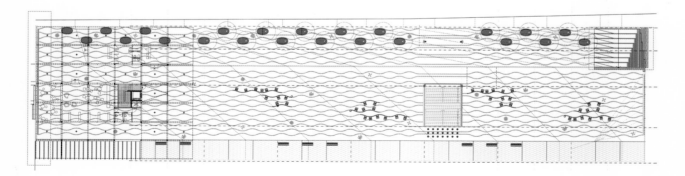

NETZWERK ARCHITEKTEN | DARMSTADT, GERMANY

Website	www.netzwerkarchitekten.de
Project	Mobilitätszentrale
Location	Darmstadt, Germany
Year of completion	2006
Materials	steel beams, vierendel beams, steel, pigmented glass, granite, lattice roof
Photo credits	Jörg Hempel

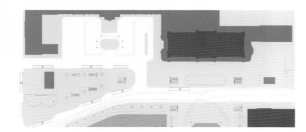

Since 1912, the year they built the train station, various architectural projects have been completed across from it. The organization of public transportation had become obsolete and a reconstruction became necessary. The architects that won the contest decided to move the train, tram, bus lane, bike lane and pedestrian pathways to the eastern side of the station. Private traffic and a parking lot were relocated on the western side. The central area was covered with homogenous pavement, although they respected historical elements. In addition, they redesigned the tram and bus shade covers, as well as the transportation information center, which now take the shape of geometrical sculptures in front of the station.

Seit 1912, dem Jahr, in dem der Bahnhof errichtet wurde, fanden vor dem Gebäude verschiedene Veränderungen statt. Die Organisation des öffentlichen Transports war überholt und musste dringend umgestaltet werden. Die Architekten, die aus der Ausschreibung als Sieger hervorgingen, entschieden, den Zug, die Straßenbahn, die Busspur, den Fahrradweg und die Fußgängerwege an die Ostseite des Bahnhofs zu verlegen. Der private Verkehr und der Parkplatz wurden im Westen angesiedelt. Der zentrale Bereich ist mit einem gleichmäßigen Pflaster bedeckt und historische Elemente wurden respektiert. Auch die Überdachungen der Straßenbahn und des Busses und das Informationszentrum wurden umgestaltet. Sie bilden jetzt geometrische Skulpturen vor dem Bahnhof.

Desde 1912, año de la construcción de la estación de tren, se realizaron varios proyectos arquitectónicos frente al edificio. La organización del transporte público era obsoleta y fue necesaria una remodelación. Los arquitectos ganadores del concurso decidieron trasladar el tren, el tranvía, el carril bus, el carril bici y las rutas peatonales al lado este de la estación. Se reubicaron al oeste el tráfico privado y un aparcamiento. El espacio central se cubrió con un pavimento homogéneo, aunque se respetaron elementos históricos. Además se rediseñaron las marquesinas de tranvía y autobús y el centro de información sobre la movilidad, que forman ahora unas esculturas geométricas frente a la estación.

Depuis 1912, année de la construction de la gare ferroviaire, plusieurs projets architecturaux se sont succédés devant l'édifice. L'organisation des transports publics étant devenue obsolète, il a fallu repenser le tout. Les architectes lauréats ont décidé de transférer trains, tramways, voies de bus, piste cyclable et allées piétonnières sur le flanc est de la gare. La circulation des véhicules privés et un parking ont été replacés à l'ouest. L'espace central a été revêtu d'un dallage homogène, mais les éléments historiques ont été respectés. Enfin, on a redessiné les abris de tramway et de bus, ainsi que le centre Info sur la mobilité, dont les sculpturales formes géométriques se dressent aujourd'hui face à la gare.

Dal 1912, l'anno della costruzione della stazione ferroviaria, si sono susseguiti vari progetti architettonici di fronte a tale edificio. L'organizzazione del trasporto pubblico era obsoleta e si è resa necessaria una ristrutturazione. Gli architetti vincitori del concorso hanno deciso di trasportare il treno, il tram, la corsia per autobus, la pista ciclabile e i percorsi pedonali sul lato est della stazione. Il traffico privato e un parcheggio sono invece stati spostati sul lato ovest. Lo spazio centrale è stato ricoperto con una pavimentazione omogenea, pur rispettando gli elementi storici. Inoltre sono state riprogettate le pensiline per tram e autobus e il centro informazioni, che attualmente sono sculture geometriche di fronte alla stazione stessa.

OBRA ARCHITECTS | NEW YORK, NY, USA

Website	www.obraarchitects.com
Project	Beatfuse!
Location	New York, NY, USA
Year of completion	2006
Materials	plywood, wood beams, steel plate footings, steel (bracket connectors), polypropylene (mesh)
Photo credits	Obra Architects

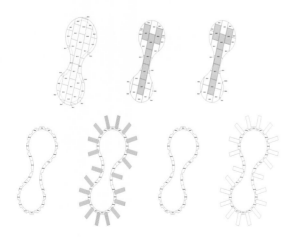

Beatfuse! is the 2006 winner of the Young Architects Program organized by the PS1 contemporary art center. The large triangular space has been covered with seven sea-shell shaped structures that the architects call a concertina because of their resemblance to bellows. They are made using plywood and polypropylene netting, mounted on curved wooden beams joined by steel. This space is divided into various areas, some with a small pool, among which the Caldarium stands out with its sand and barbeques and the Tepidarium, with water misters and light strainers that provide a cool relief ideal for chatting, eating or even dancing.

Beatfuse! ist das Projekt, das im Jahr 2006 innerhalb des Programms für junge Architekten, das von dem Zentrum für zeitgenössische Kunst PS1 organisiert wird, den ersten Platz errang. Der große dreieckige Platz ist mit sieben muschelförmigen Objekten überdacht, die von den Architekten als Konzertina bezeichnet wird, da sie sich wie ein Blasebalg verbiegen können. Sie bestehen aus einem Netz aus Polypropylen und Sperrholz, das auf gekrümmte Holzbalken gespannt ist und von Stahlklammern gehalten wird. Der Raum unterteilt sich in verschiedene Bereiche. Einige davon haben einen kleinen Swimmingpool, so wie das Caldarium mit Sand und Grillplätzen und das Tepidarium mit Wasserverdunstern und Schattenzonen, in denen es angenehm kühl ist. Ein idealer Ort zum Reden, Essen und sogar zum Tanzen.

Beatfuse! es el proyecto ganador, en el año 2006, del Programa de Jóvenes Arquitectos que organiza el centro de arte contemporáneo PS1. Se ha cubierto el gran espacio triangular con siete estructuras en forma de conchas, a las que los arquitectos llaman concertina por su capacidad de doblarse como un fuelle. Están formadas por contrachapado y malla de polipropileno, montadas sobre vigas de madera curvadas y sujetas por piezas de acero. Este espacio está dividido en varias zonas, algunas con una pequeña piscina, entre las que destaca el Caldarium, con arena y barbacoas, y el Tepidarium, con vaporizadores de agua y sombra, que proporciona un ambiente fresco, ideal para charlar, comer e incluso bailar.

Beatfuse! est le projet qui, en 2006, a remporté le Programme de Jeunes Architectes qu'organise le centre d'art contemporain PS1. Le grand espace triangulaire a été recouvert de sept structures en forme de coquilles, que les architectes ont baptisé du nom de Concertina en raison de leur capacité à se déplier à la manière d'un soufflet. Composées de contreplaqué et de maille de polypropylène, elles sont montées sur des poutrelles de bois courbes assujetties à l'aide de pièces d'acier. L'espace est divisé en plusieurs zones, dont certaines avec une petite piscine, parmi lesquelles nous citerons le Caldarium, recouvert de sable et équipé de barbecues, et le Tepidarium, avec ses brumisateurs d'eau et ses plages d'ombre, qui offre une atmosphère plus fraîche où il fait bon causer, déjeuner et même danser.

Beatfuse! è il progetto che ha vinto, nel 2006, il Programma Giovani Architetti organizzato dal centro d'arte contemporanea PS1. Il grande spazio triangolare è stato coperto mediante sette strutture a forma di conchiglia, che gli architetti chiamano concertina per la loro capacità di piegarsi come un mantice. Sono costituite da legno compensato e una maglia di polipropilene, montate su travi di legno ricurve e sostenute da pezzi d'acciaio. Tale spazio è diviso in diverse zone, alcune con una piccola piscina, tra le quali spicca il Caldarium, con sabbia e barbecue, e il Tepidarium, con vaporizzatori d'acqua e ombra, che offre un ambiente più fresco, ideale per chiacchierare, mangiare e perfino ballare.

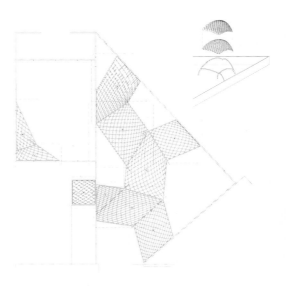

236

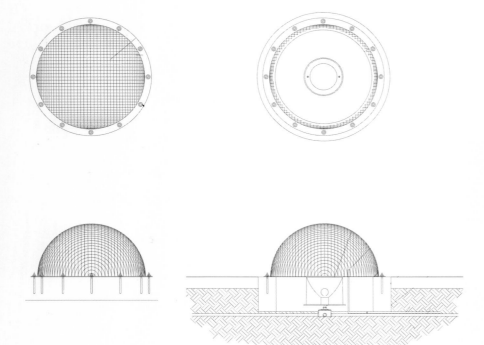

OFIS ARHITEKTI | LJUBLJANA, SLOVENIA

Website	www.ofis-a.si
Project	Business Commercial Complex Jaroslavska
Location	Moscow, Russia
Year of completion	in construction
Image credits	Ofis Arhitekti

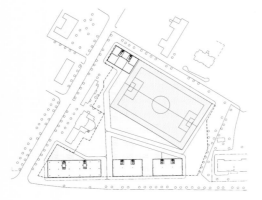

The program for the buildings which will occupy the centre of the Russian capital covers a very large area. In addition to 861,115 square feet of offices, businesses, hotels and housing, there will be a 215,278 square feet sports complex. There are four main buildings: a double tower of offices on 331,525 square feet, two blocks of apartments on 138,315 and 153,385 square feet, and a hotel with business premises on 177,065 square feet. As well as these large buildings there will be a two-storey sports complex with a football pitch on the roof. The design follows the current trend to combine different uses – offices, hotels, housing, etc. – in one urban area.

Der Entwurf für die Gebäude, die im Zentrum der russischen Hauptstadt stehen werden, sieht die Bebauung einer sehr großen Fläche vor. Neben 80.000 m² für Bürogebäude, Geschäftsräume, Hotels und Wohneinheiten, ist eine Sportanlage mit einer Fläche von 20.000 m² geplant. Der Gesamtkomplex besteht aus vier Hauptgebäuden: Ein Doppelturm mit Büroräumen über 30.800 m², zwei Apartmentblöcke über 12.850 m² bzw. 14.250 m² und ein Hotel mit einer Fläche von 16.450 m². Zusätzlich zu diesen großen Gebäuden wird eine zweigeschossige Sportanlage mit einem Fußballfeld auf dem Dach geschaffen. Das Design folgt dem aktuellen Trend, verschiedene Nutzungsarten – Büros, Hotels, Wohneinheiten, etc. – in einem urbanen Bereich zu kombinieren.

El programa de las construcciones que ocuparán el centro de la capital rusa abarca un área extensa. A los 80.000 m² del área de oficinas, comercios, hoteles y residencias se suman los 20.000 m² del complejo deportivo. Los edificios principales son cuatro: una torre doble para oficinas de 30.800 m² de superficie, dos torres de apartamentos de 12.850 y 14.250 m², y un hotel de 16.450 m² con locales comerciales. A estos grandes edificios se suma el complejo deportivo: un edificio de tan sólo dos plantas que posee un campo de fútbol en su cubierta. El diseño sigue las tendencias actuales de mezclar diferentes usos –oficinas, hoteles, residencias, etcétera– en una misma zona urbana.

Le programme des constructions appelées à occuper le centre de la capitale russe couvre une très vaste zone. Aux 80 000 m² de bureaux, commerces, hôtels et résidences, viennent s'ajouter les 20 000 m² du complexe sportif. Les bâtiments principaux sont au nombre de quatre : une double tour de bureaux de 30 800 m², deux tours d'appartements de 12 850 et 14 250 m² respectivement, et un hôtel de 16 450 m² avec des locaux commerciaux. A ces grands édifices, il faut encore adjoindre le complexe sportif : un bâtiment de deux étages seulement, avec un terrain de football sur sa toiture. Le design suit les tendances actuelles consistant à mêler différentes utilisations –bureaux, hôtels, résidences, etc.– dans une même zone urbaine.

Il programma delle costruzioni che occuperanno il centro della capitale russa abbraccia superficie molto estesa. Agli 80.000 m² dell'area destinata a uffici, negozi, alberghi e abitazioni bisogna sommare i 20.000 m² del complesso sportivo. Gli edifici principali sono quattro: un palazzo doppio per uffici di 30.800 m² di superficie, due palazzi di appartamenti di 12.850 e 14.250 m² rispettivamente, e un albergo di 16.450 m² con locali commerciali. A questi grandi stabili va aggiunto il complesso sportivo: un edificio di soli due piani che possiede un campo da calcio sul tetto. Il design segue le tendenze attuali di mescolare diverse funzioni –uffici, alberghi, spazi abitativi, eccetera– in una sola zona urbana.

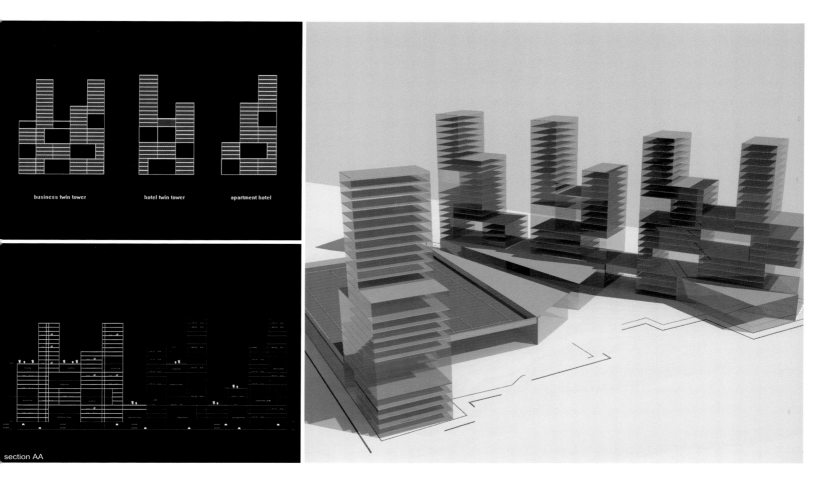

business twin tower   hotel twin tower   apartment hotel

section AA

OFIS ARHITEKTI | LJUBLJANA, SLOVENIA

Website	www.ofis-a.si
Project	Business Commercial Complex Venezia-Marghera
Location	Venezia-Marghera, Italy
Year of completion	project
Image credits	Ofis Arhitekti

This ambitious project, which won first prize in the competition, combines the plans of the three principal external spaces. Next to the office building there is a new square open to the new jetty. An internal courtyard with garden, located within the building, provides a semi-private area. The building forms a type of arch which connects the offices and stores. The space below the arch affords views, lightens the design and gives character to the construction. The roofs provide green areas, and access for traffic has meant that the surrounding spaces are primarily pedestrian zones.

Dieses ambitionierte Projekt gewann bei dem Wettbewerb den ersten Preis und verbindet die Grundrisse der drei äußeren Hauptbereiche. Neben dem Bürogebäude befindet sich ein neuer Platz, der sich zur Mole hin öffnet. Ein Hof mit Garten, der innerhalb des Gebäudes liegt, bietet einen halbprivaten Bereich. Das Gebäude formt eine Art Bogen, der die Büroräume und Geschäfte miteinander verbindet. Der Platz unterhalb des Bogens ermöglicht Ausblicke, erhellt das Design und gibt der Konstruktion ihren eigenen Charakter. Die Dächer schaffen grüne Plätze und der Zugang zum öffentlichen Nahverkehr bietet den Vorteil, dass die umliegenden Bereiche hauptsächlich aus Fußgängerzonen bestehen.

Este ambicioso proyecto, primer premio de la competición, interrelaciona los programas de los tres espacios externos principales. Junto al edificio de oficinas se encuentra una nueva plaza abierta al nuevo amarradero. Una plaza interior con jardín, situada entre los volúmenes del edificio, forma una zona semiprivada. El edificio forma un arco que reúne las áreas de las oficinas y los comercios. El espacio situado bajo el arco proporciona vistas, aligera el diseño y confiere carácter a la construcción. Los niveles de las cubiertas forman espacios verdes, y el acceso para el tráfico ha permitido que los alrededores sean mayoritariamente peatonales.

Cet ambitieux projet, lauréat du concours, assure l'interconnexion des programmes des trois principaux espaces. Près de l'édifice de bureaux, une nouvelle place s'ouvre sur le port. Un patio intérieur forme une espèce de portique où sont rassemblés les zones de bureaux et de commerces. L'espace situé sous le portique offre un intéressant panorama, allège le design et donne du caractère à la construction. Les différents niveaux des toitures accueillent des espaces verts, et l'accès modéré à la circulation a permis que les environs restent majoritairement piétonniers.

Questo ambizioso progetto, primo premio della gara, stabilisce una relazione tra i programmi dei tre spazi esterni principali. Accanto all'edificio di uffici si trova una nuova piazza aperta sul recente banchina. Una piazza interna con giardino, sita tra i volumi dell'edificio, crea una zona semiprivata. L'edificio forma una specie di arco che ospita le aree di uffici e negozi. Lo spazio sottostante l'arco permette di godere di magnifiche viste, alleggerisce il design e conferisce un certo carattere alla costruzione. I livelli delle tettoie permettono la creazione di spazi verdi, e grazie all'acceso al traffico, i dintorni possono essere, per la maggior parte, pedonali.

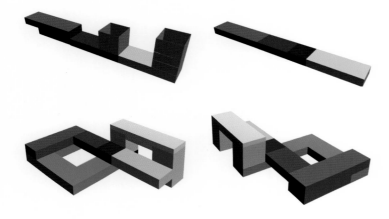

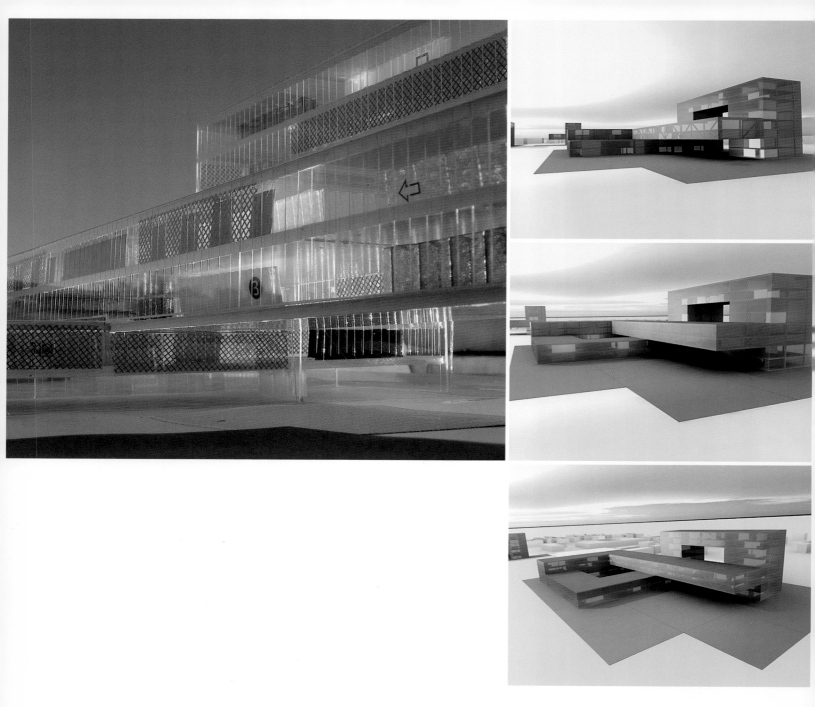

258

OMA — OFFICE FOR METROPOLITAN ARCHITECTURE | ROTTERDAM, THE NETHERLANDS

Website	www.oma.com
Project	Waterfront City Dubai
Location	Dubai, United Arab Emirates
Year of completion	project
Image credits	OMA/Frans Parthesius, OMA

The most important element of Waterfront City, a large urban project in Dubai, will be the central island, created by extracting earth to allow sea water to enter. As well as the island, which will house homes and offices, four further elements will be constructed. The Boulevard, a ring located to the south-east of the central island, will be occupied by offices, homes, hotels, shops and restaurants. Madinat Al Soor will provide traditional Arabic surroundings and include some of the development's most emblematic buildings. An area for the tourism complexes and a marina will complete this ambitious project.

Das wichtigste Element der Waterfront City, einem großen städtebaulichen Projekt in Dubai, ist die Hauptinsel. Sie wurde erschaffen, indem man Erde abbaute und dadurch Meereswasser einfließen ließ. Neben der Insel, auf der Wohneinheiten und Büroräume geschaffen werden, ist auch der Bau von vier weiteren Elementen geplant. Am Boulevard, einem Ring im Südosten der Hauptinsel, werden Büroräume, Wohnungen, Hotels, Geschäfte und Restaurants entstehen. Madinat Al Soor wird eine traditionelle arabische Umgebung schaffen und einige der sinnbildlichsten Gebäude des Projektes beinhalten. Ein Bereich mit Tourismus-Komplexen sowie ein Hafen werden dieses ambitionierte Projekt abrunden.

El elemento más importante de Waterfront City, un gran proyecto urbanístico en Dubai, será una isla central, creada mediante la extracción de tierra que permitirá la entrada del agua del mar. Además de esta isla, donde habrá viviendas y oficinas, se edificarán cuatro elementos más. El Boulevard, un anillo situado al este y al sur con respecto a la isla central, será ocupado por oficinas, residencias, hoteles, tiendas y restaurantes. Madinat Al Soor proporcionará un entorno árabe tradicional y contará con algunos de los edificios más emblemáticos del conjunto. Una zona para ubicar los complejos turísticos y un puerto deportivo completan este ambicioso proyecto.

Le fer de lance de Waterfront City, un grand projet d'urbanisme ayant pour cadre l'émirat de Dubaï, sera une île centrale construite grâce aux terres de déblai d'un chenal qui sera creusé pour laisser pénétrer la mer. Sur cette île, outre des logements et des bureaux, quatre autres éléments seront construits. Le Boulevard, un anneau situé à l'est au sud par rapport à l'île centrale, accueillera bureaux, résidences, hôtels, commerces et restaurants. Madinat Al Soor offrira un environnement arabe traditionnel et comptera quelques-uns des bâtiments emblématiques de l'ensemble. Une zone réservée aux équipements touristiques et un port de plaisance complètent cet ambitieux projet.

L'elemento più importante di Waterfront City, un grande progetto urbanistico nel Dubai, sarà un'isola centrale, generata grazie all'estrazione di terra per permettere l'accesso dell'acqua del mare. Oltre a quest'isola, sulla quale ci saranno abitazioni e uffici, saranno costruiti altri quattro elementi. Il Boulevard, un anello sito a est e a sud rispetto all'isola centrale, sarà occupato da uffici, edifici residenziali, alberghi, negozi e ristoranti. Madinat Al Soor fornirà un ambiente arabo tradizionale e avrà alcuni degli stabili maggiormente emblematici del complesso. Questo ambizioso progetto è completato da una zona per le attività turistiche e da un porto sportivo.

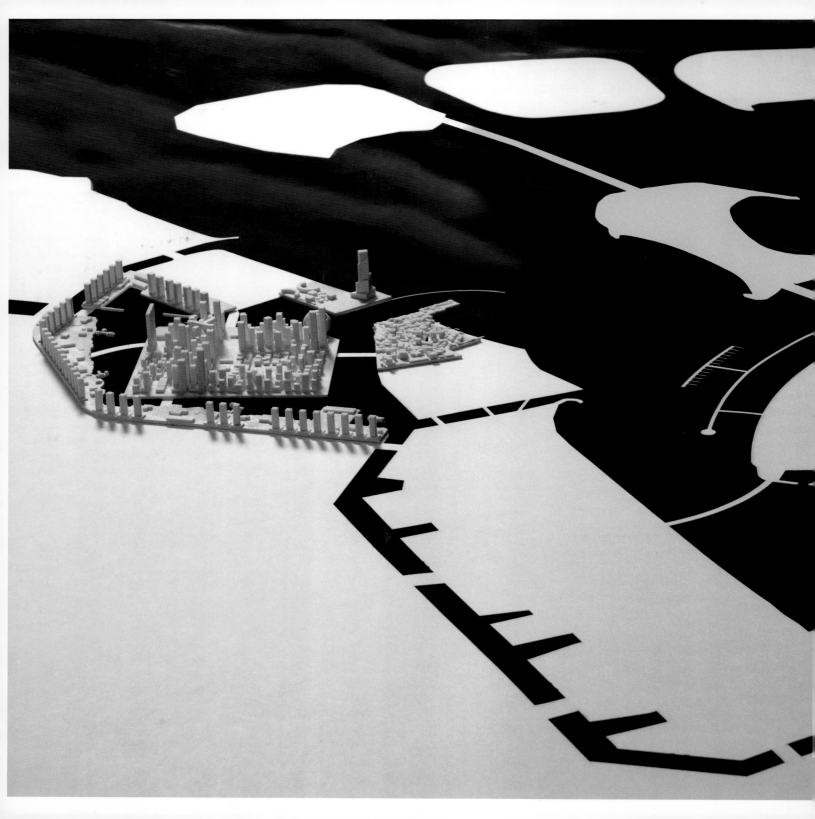

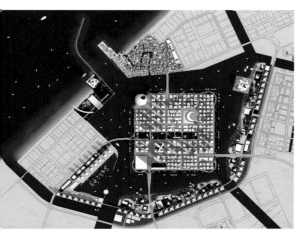

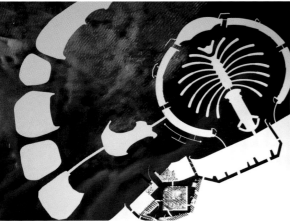

OSLUND & ASSOCIATES | MINNEAPOLIS, MN, USA

Website	www.oaala.com
Project	Gold Medal Park
Location	Minneapolis, MN, USA
Year of completion	2006
Materials	ipe wood, corten steel, custom-made light poles with I-beams, LED lighting, colored concrete
Photo credits	Michael Mingo, Oslund & Associates

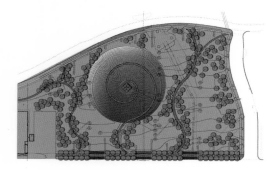

Historically occupied by mills and grain terminals, this space on the border of the West Bank Mill district was being used as a parking lot. The architects developed a new green area between two of the most emblematic sites in the city: the Mississippi River and the Guthrie Theatre. The contamination generated in the past was isolated into a mound – perfectly contained by patinated steel – forming a sculptural hill with views of the city and river. They planted 300 trees, including maples, lindens, nettles, oaks and catalpas. Twenty handmade benches form gathering areas and blue LED lights transform the evening.

Diese Zone am Rande des Distrikts West Bank Mill, in dem sich einst Mühlen und Getreideaufzüge befanden, diente als Parkplatz. Die Architekten legten eine neue Grünzone zwischen den beiden berühmtesten Orten der Stadt an, dem Fluss Mississippi und dem Guthrie-Theater. In der Vergangenheit entstandene Kontaminierung wurde in Form eines Hügels isoliert, der von Corten-Stahl gehalten und begrenzt wird. Dieser Hügel hat eine skulpturale Form und bietet einen schönen Blick über die Stadt und den Fluss. Es wurden 300 Bäume gepflanzt, darunter Ahorne, Linden, Zürgelbäume, Eichen und Trompetenbäume. Zwanzig von Hand gefertigte Bänke bilden einen Treffpunkt, der nachts von blauen Leds beleuchtet wird, die ihn ganz anders aussehen lassen.

Históricamente ocupado por molinos y por elevadores de cereales, este espacio, en el límite del distrito West Bank Mill, se utilizaba como aparcamiento. Los arquitectos desarrollaron un nuevo espacio verde entre dos de los lugares más emblemáticos de la ciudad: el río Mississippi y el teatro Guthrie. Se aisló el suelo contaminado generada en el pasado en un montículo que –perfectamente contenido y delimitado por acero corten– formó una colina escultórica con vistas a la ciudad y al río. Se plantaron 300 árboles, entre los que destacan arces, tilos, almezos, robles y catalpas. Veinte bancos fabricados artesanalmente forman espacios de reunión y sus luces LED de color azul los transforman al atardecer.

Autrefois occupé par des moulins et des silos à grains, cet espace situé à la limite du district de West Bank Mill, faisait fonction de parking. Les architectes y ont créé un nouvel espace vert entre deux des sites emblématiques par excellence de la ville : le fleuve Mississippi et le théâtre Guthrie. La pollution générée par le passé a été isolée en un monticule qui, parfaitement contenu et délimité par de l'acier Corten, forme désormais une colline sculpturale surplombant la ville et le fleuve. 300 arbres ont été plantés, notamment des érables, des tilleuls, des micocouliers, des chênes et des catalpas. Vingt bancs de fabrication artisanale décrivent des espaces de réunion, que des diodes électroluminescentes bleutées transforment à la tombée du jour.

Storicamente occupato da mulini e da elevatori di cereali, questo spazio, situato sul confine del quartiere di West Bank Mill, era utilizzato come parcheggio. Gli architetti vi hanno sviluppato invece una nuova zona verde tra due dei luoghi maggiormente emblematici della città: il fiume Mississippi e il teatro Guthrie. L'immondizia prodotta in passato è stata isolata in un monticello che –perfettamente contenuto e delimitato da acciaio Corten– ha dato luogo a una scultorea collina con viste sulla città e sul fiume. Sono stati piantati 300 alberi, tra i quali spiccano aceri, tigli, bagolari, querce e catalpe. Venti panchine costruite con tecnica artigianale delimitano spazi di ritrovo che si trasformano al tramonto mediante le loro luci LED di colore blu.

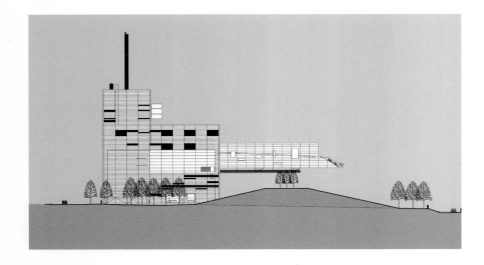

PEANUTZ ARCHITEKTEN/ELKE KNÖß & WOLFGANG GRILLITSCH
BERLIN, GERMANY

Website	www.peanutz-architekten.de
Project	Loops
Location	Krems, Austria
Year of completion	2005
Materials	concrete
Photo credits	Stefan Meyer

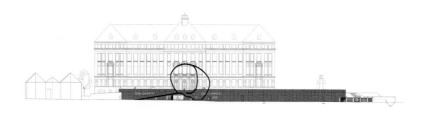

Donau Krems University is located on a hill above the Danube. Three parallel lines, a brook, a path and some train tracks cross the plot of land. In addition they've constructed a new station in front of the main campus building. The design of Loops reinforces this idea of various bands by adding four more, of different materials and colors, located between the station and the building. The red concrete one serves as a path for firefighters; another is made of tinted rubber tires and serves as a sports field; another two form impressive concrete curves where one finds the stairs and the ramp connecting the building with the station located one level below.

Die Donau-Universität Krems liegt auf einer Anhöhe über der Donau. Das Grundstück wird von drei parallelen Linien durchquert, einem Bach, einem Pfad und einem Bahngleis. Außerdem wurde ein neuer Bahnhof gegenüber dem Hauptgebäude des Campus errichtet. Die Gestaltung in Schleifenform (Loops) verstärkt die Idee von Bändern und fügt vier weitere in anderen Materialien und Farben hinzu, angeordnet zwischen Bahnhof und Gebäude. Eine davon, aus rotem Beton, ist ein Weg für die Feuerwehr, eine andere besteht aus gefärbtem Reifengummi wie auf Sportplätzen, und die beiden letzten formen zwei beeindruckende Schlaufen aus Beton, in denen sich die Treppe und die Rampe befinden, die das Gebäude mit dem Bahnhof weiter unten verbinden.

La universidad Donau Krems está situada en una colina sobre el Danubio. Tres líneas paralelas, un arroyo, un sendero y unas vías de tren atraviesan la parcela. Además se ha construido una nueva estación frente al edificio principal del campus. El diseño de Loops refuerza esta idea de franjas y añade cuatro más de diferentes materiales y colores, situadas entre la estación y el edificio. Una, de hormigón coloreado de rojo, es una vía para los bomberos; otra está compuesta de goma de neumáticos teñida, como los campos de deporte; otras dos forman unos impresionantes bucles de hormigón donde se encuentran la escalera y la rampa, que conectan el edificio con la estación situada en un nivel inferior.

L'université Donau Krems est perchée sur une colline au-dessus du Danube. Trois lignes parallèles, un ruisseau, un sentier et des voies de chemin de fer en traversent le terrain. En outre, une nouvelle gare a été construite face au bâtiment principal du campus. Le design de Loops renforce cette idée de franges et en ajoute quatre autres, aux matériaux et couleurs variés, qui prennent place entre la gare et le bâtiment. L'une, en béton coloré de rouge, est une voie réservée aux pompiers ; la seconde se compose de caoutchouc de pneus peint, à la manière des terrains de sport ; les deux dernières forment d'impressionnantes boucles de béton où sont logés l'escalier et la rampe qui relient l'édifice à la gare située un niveau plus bas.

L'Università Donau Krems sorge su una collina sovrastante il Danubio. Tre linee parallele, un ruscello, un sentiero e alcune ferrovie attraversano l'appezzamento. Inoltre, di fronte all'edificio principale del campus, è stata costruita una nuova stazione. Il design progettato da Loops rafforza questa idea delle fasce e ne aggiunge altre quattro di materiali e colori diversi, poste tra la stazione e lo stabile. Una, di cemento in tonalità rossa, è una via per i pompieri; un'altra è costituita da gomma di pneumatici colorati, come i campi sportivi; altre due danno forma a impressionanti spirali di cemento in cui si trovano la scala e la rampa, che mettono in comunicazione l'edificio con la stazione sita a un livello inferiore.

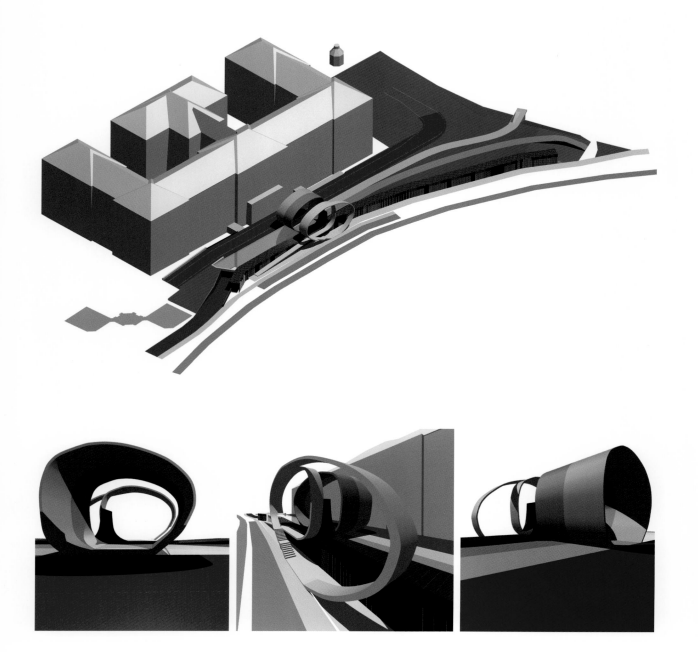

PHILIPPE RONDEAU ARCHITECTS | SHENZHEN, CHINA

Website	www.prarchi.com
Project	Cha Guang Industrial Zone & Cha Guang Urban Rebirth
Location	Shenzhen, China
Year of completion	in construction
Image credits	Philippe Rondeau Architects/Philippe Rondeau, Li Yun

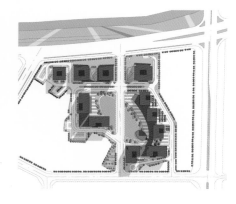

The architects' design to revitalize this district of Shenzhen has created a new neighborhood with its own characteristics: a lively atmosphere and several communal spaces. The buildings constructed are principally blocks of offices and apartments, all located around a central square, creating a mixed use of the area. Other spaces, such as public areas, commercial premises, restaurant zones and services, are located on the lower floors of the blocks or in other buildings, such as the auditorium. The central square and the area around the buildings have been designed as a single entity, where the pedestrian zones have been clearly defined.

Das Design der Architekten für die Wiederbelebung dieses Distriktes von Shenzhen hat ein neues Viertel mit einer eigenen Charakteristik geschaffen: Eine lebendige Atmosphäre und mehrere kommunale Bereiche. Die errichteten Gebäude bestehen hauptsächlich aus Büro- und Apartmentblöcken, die um einen zentralen Platz gruppiert sind und eine vielseitige Nutzung dieser Zone zulassen. Andere Bereiche, wie zum Beispiel öffentliche Plätze, Geschäftsräume, Restaurant- und Dienstleistungszonen sind in den unteren Etagen der Blöcke oder in anderen Gebäuden untergebracht, wie zum Beispiel dem Auditorium. Der Hauptplatz und das Areal um die Gebäude herum wurden als Einheit entworfen, wo es klar abgegrenzte Fußgängerzonen gibt.

El diseño de los arquitectos para revitalizar este distrito de Shenzhen ha creado un nuevo barrio con características propias: un ambiente animado y unos espacios comunes. Principalmente se han construido edificios de oficinas y residenciales, todos ellos situados alrededor de una plaza central, con lo que se consigue un uso mixto de la zona. Otro tipo de espacios, como los públicos, los comerciales, de restauración o servicios, se alojan en las plantas bajas de los bloques o en otros edificios, como el auditorio. La plaza central y el paisaje que rodea los edificios se han diseñado como una sola entidad, por lo que se han acentuado las conexiones peatonales.

Grâce au design retenu par les architectes pour revitaliser cette partie de Shenzhen, un nouveau quartier est né, doué de caractéristiques propres : une ambiance animée et des espaces communautaires. Pour l'essentiel, on a construit des bâtiments de bureaux et d'habitations, tous situés autour d'une place centrale, instaurant ainsi une utilisation mixte de la zone. D'autres types d'espaces, et notamment les lieux publics, les commerces et les établissements de restauration et de services sont logés aux rez-de-chaussée des blocs ou dans d'autres bâtiments. La place centrale et les alentours des édifices ont été conçus comme un seul et même corps, d'où l'accent mis sur les voies de circulation piétonnières.

Il design creato dagli architetti per dare nuova linfa vitale a questo quartiere di Shenzhen lo ha dotato di caratteristiche peculiari: un ambiente vivace e spazi comuni. Sono stati costruiti, soprattutto, edifici per uffici e residenziali, tutti dislocati intorno a una piazza centrale, per ottenere uno uso misto della zona. Altri tipi di spazi, come quelli pubblici, quelli commerciali, di ristorazione o di servizi, si trovano ai piani inferiori dei palazzi o in altri edifici, come l'auditorium. La piazza centrale e il paesaggio che circonda gli stabili sono stati progettati come un solo elemento, ne risultano quindi accentuati i collegamenti pedonali.

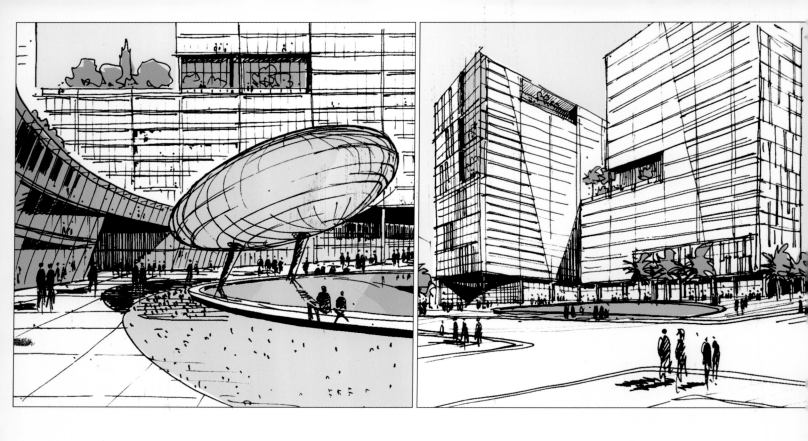

PROAP — ESTUDOS E PROJECTOS DE ARQUITECTURA PAISAGISTA
LISBOA, PORTUGAL

Website	www.proap.pt
Project	Tejo and Trancão Park
Location	Lisboa, Portugal
Year of completion	2004
Materials	sablon paving (thick sand with clay), granite paving stones, Portuguese *calçada* (paving stones), concrete slab paving, mixture of concrete and lawn surfaces, wooden paving, white concrete (kerbs and bank), concrete (skating area), pine bark, pine wood (joins), gravel
Photo credits	Leonardo Finotti

This park covers 90 ha along the right bank of the Tejo River and surrounds the grounds of Expo 98. The poor conservation of the grounds, the poor planning and urbanization of plots and their proximity to the Natural Reserve of the Tejo River Estuary made a reform necessary. The project gives the park sensitive visual diversity, in a greater context of coherence and formal unity. The shape of the earth becomes a fundamental element in the structure, marking the park's rhythm and heterogeneity. The system of paths serves as a secondary network for the park's organization, and the vegetation – indigenous to the area – is a step ahead of what nature would do on its own over time.

Dieser Park nimmt 90 ha am rechten Ufer des Flusses Tejo ein und umgibt das Gelände der Expo 98. Aufgrund des schlechten Zustands des Geländes, der unzureichenden Planung und Besiedlung der Parzellen und der Nähe zum Naturpark Estuário do Tejo war eine Erneuerung notwendig. So bekam der Park eine neue visuelle und sinnliche Identität, die kohärent und einheitlich wirkt. Die Geländeform diente als grundlegendes Strukturelement, da sie den Rhythmus und die Heterogenität des Parks unterstreicht. Das Wegenetz stellt ein sekundäres Netz für die Aufteilung des Parks dar, da die einheimische Vegetation nur das vorausnimmt, was die Natur selbst im Laufe der Zeit geschaffen hätte.

Este parque ocupa 90 ha en el margen derecho del río Tejo y rodea los terrenos de la Expo 98. El mal estado de conservación de los terrenos, la mala planificación y urbanización de las parcelas y su proximidad a la Reserva Natural del Estuario del río Tejo hacían necesaria una reforma. El proyecto dota al parque de diversidad visual y sensitiva, dentro de un conjunto con coherencia y unidad formal. Las formas del terreno constituyen un elemento estructural fundamental, pues marcan el ritmo y la heterogeneidad del parque. El sistema de caminos constituye una red secundaria a la organización del parque, y la vegetación, propia de la zona, se adelanta a lo que la naturaleza haría por sí misma con el tiempo.

Ce parc, qui occupe 90 hectares sur la rive droite du Tejo, enserre les terrains qui accueillirent l'Exposition universelle de 1998. Le mauvais état de conservation des lieux, la planification et l'urbanisation défectueuses des parcelles, ainsi que la proximité de ces dernières avec la Réserve naturelle de l'estuaire du Tejo, tout rendait un réaménagement nécessaire. Le projet donne au parc une diversité visuelle et sensorielle, à l'intérieur d'un ensemble doué de cohérence et d'unité formelle. Les formes du terrain constituent un élément structurel fondamental dans la mesure où elles marquent le rythme et l'hétérogénéité du parc. Le système de chemins vient s'adjoindre au réseau du parc, et la végétation autochtone devance le travail que la nature aurait fait d'elle-même avec le temps.

Questo parco, situato sulla sponda destra del fiume Tago, occupa un'area di 90 ettari e circonda i terreni della Expo 98. La riforma è stata motivata dal cattivo stato in cui versavano tali terreni, dalla pessima pianificazione urbana degli appezzamenti e dalla loro vicinanza alla Riserva Naturale dell'Estuario del fiume Tago. Il progetto conferisce al parco una certa diversità visiva e sensoriale, pur mantenendosi all'interno di un complesso caratterizzato da coerenza e unità formale. Le linee del terreno costituiscono un elemento strutturale fondamentale, giacché scandiscono il ritmo e l'eterogeneità del parco. Il sistema di sentieri crea una rete secondaria nell'organizzazione del parco, e la vegetazione, tipica della zona, anticipa l'azione della natura con il passo del tempo.

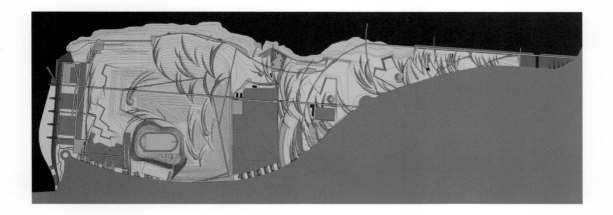

RIOS CLEMENTI HALE STUDIOS | LOS ANGELES, CA, USA

Website	www.rchstudios.com
Project	Chess Park
Location	Glendale, CA, USA
Year of completion	2005
Materials	trex (recycled plastic and wood lumber product), white synthetic canvas, concrete (chess tables)
Photo credits	Tom Bonner

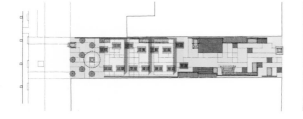

The aim of reconstructing this passage, located between two shopping centers, was to create a space outdoors to be used by the chess club and transform an underused urban space into a gathering point for neighbors. The space is divided into three areas: the boulevard area, the game zone and a transitional area. They built various light towers with benches that resemble chess pieces and installed 16 chess tables and some extra seating. The towers provide lighting for the activities that take place in the passage. The king, queen, rook, bishop and knight pieces are based on famous lamps by Isamu Noguchi and sculptures by Brancusi.

Durch den Umbau dieser Passage zwischen zwei Einkaufszentren sollte ein Ort im Freien zum Schachspielen entstehen, und eine städtische Zone, die vorher kaum benutzt wurde, zu einem Treffpunkt der Anwohner werden. Der Raum ist in drei Bereiche unterteilt: den Boulevard, die Spielzone und die Durchgangszone. Man errichtete mehrere Leuchttürme mit Bänken, die Schachfiguren nachempfunden sind, und es wurden 16 Tische mit Schachbrettern und einige Sitzgelegenheiten geschaffen. Die Türme spenden ausreichend Licht für die Aktivitäten in der Passage. Der König, die Königin, der Turm, der Läufer und das Pferd sind den berühmten Lampen von Isamu Noguchi und den Skulpturen von Brancusi nachempfunden.

Los objetivos de la reforma de este pasaje, situado entre dos centros comerciales, eran crear un lugar al aire libre para uso del club de ajedrez y transformar un espacio urbano infrautilizado en un lugar de reunión para los vecinos. El espacio se divide en tres áreas: la zona del bulevar, el área de juegos y una zona de transición. Se construyeron varias torres de luz con bancos que simulan figuras de ajedrez y se instalaron 16 mesas con tableros y algunos asientos auxiliares. Las torres proporcionan iluminación para las actividades del pasaje. Las figuras del rey, reina, torre, alfil y caballo están basadas en las conocidas lámparas de Isamu Noguchi y las esculturas de Brancusi.

Deux objectifs ont présidé à la restauration de ce passage situé entre deux centres commerciaux : aménager un secteur à ciel ouvert à l'intention d'un club d'échecs et transformer un espace urbain sous-utilisé en un lieu de réunion pour les riverains. Les lieux sont divisés en trois sections : la zone du boulevard, l'aire de jeu et un espace de transition. Des tours de lumière avec des bancs semblables à des pièces de jeu d'échecs ont été construites, et seize tables avec des échiquiers et des sièges auxiliaires ont été installées. Les tours fournissent l'éclairage nécessaire aux activités qu'accueille le passage. Le roi, la reine, la tour, le fou et le cavalier s'inspirent des fameuses lampes d'Isamu Noguchi et des sculptures de Brancusi.

Lo scopo dei lavori di riforma di questo passaggio, situato tra due centri commerciali, era quello di dare vita a un luogo adatto alle attività all'aperto, utilizzabile dal club di scacchi, nonché quello di trasformare uno spazio urbano infrautilizzato in un'area di ritrovo per i residenti. Lo spazio è diviso in tre zone: quella del boulevard, quella dei giochi e una di transizione. Sono stati costruiti diversi tralicci per la luce con panchine a imitazione di pezzi degli scacchi e sono stati montati 16 tavoli con scacchiere e alcuni sedili ausiliari. I tralicci forniscono l'illuminazione adeguata allo svolgimento delle diverse attività. Le figure del re, della regina, della torre, dell'alfiere e del cavallo sono basate sulle note lampade di Isamu Noguchi nonché sulle sculture di Brancusi.

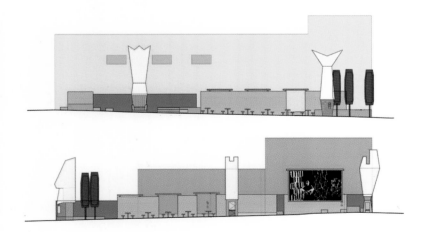

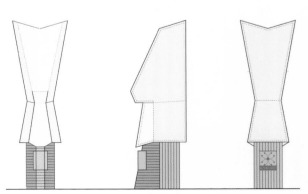

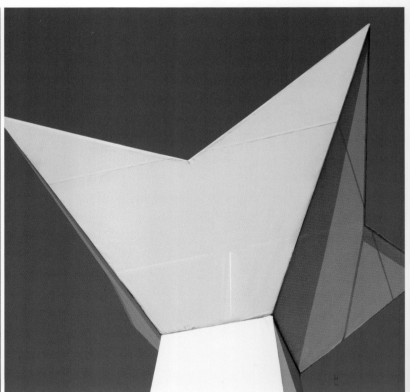

RUSH WRIGHT ASSOCIATES | MELBOURNE, AUSTRALIA

Website	www.rushwright.com
Project	Malvern City Square
Location	Malvern, Australia
Year of completion	2006
Materials	granite pavers in three colours, stainless steel (mesh planters), stainless steel (handrails)
Photo credits	Michael Wright, David Simmonds

This new plaza is found at the intersection of two important city streets. The remodeling needed to be done, due to a problem with water leakage in the underground parking lot below. The design, aside from solving these problems, achieved to develop a new point of interest for the city. The architects chose a random patch for installing the granite, anti-slip pavement to create a dynamic effect in the space itself. Granite was also used for the stairs, ramps, the containment walls and the platforms for the statues. The plaza is open on the upper level and has been given two new entrances. Careful lighting and gardening both compliment this new public space.

Dieser neue Platz befinde sich auf der Kreuzung zweier Hauptstraßen der Stadt. Er musste umgestaltet werden, da Wasser in den unterirdischen Parkplatz eindrang. Durch die Gestaltung wurde nicht nur dieses Problem gelöst, sondern es entstand auch ein neuer, interessanter Ort in der Stadt. Die Architekten schufen eine Art zufälliges Muster für das rutschfeste Granitpflaster, was den Platz sehr dynamisch wirken lässt. Auch die Treppe, Rampen, Sockel der Statuen und Stützmauern sind aus Granit. Der Platz öffnet sich nach oben und es sind zwei neue Zugänge hinzugekommen. Eine sorgfältig geplante Bepflanzung und Beleuchtung vervollständigen das Bild.

Esta nueva plaza se encuentra en un cruce de dos calles principales de la ciudad. La remodelación debía hacerse a causa de unos escapes de agua del aparcamiento subterráneo. El diseño, además de solucionar estos problemas, desarrolló un nuevo foco de interés en la ciudad. Los arquitectos crearon una trama aleatoria para colocar el pavimento de granito antideslizante y producir un efecto dinámico en el espacio. También se empleó el granito en escaleras, rampas, peanas para las estatuas y muros de contención. Asimismo, la plaza se abre al nivel superior y añade dos nuevas entradas. Una vegetación e iluminación cuidadas completan el nuevo espacio público.

Cette nouvelle place, qui se trouve à l'intersection de deux artères principales de la ville, a dû être aménagée à cause de fuites d'eau apparues dans le parking souterrain. Outre qu'il a permis de résoudre ces problèmes, son design a fait d'elle un nouveau point de référence dans la ville. Les architectes ont tissé une trame aléatoire pour poser le dallage de granit antidérapant et créer dans l'espace un effet de dynamisme. Le granit a également été retenu pour les escaliers, les rampes, les socles des statues et les murs de soutènement. Ouverte au niveau supérieur, la place comporte en outre deux nouveaux accès. Une végétation et un éclairage soignés complètent ce nouvel espace public.

I lavori di ristrutturazione, di questa nuova piazza che si trova all'incrocio di due vie cittadine principali, si sono avviati a causa di alcune fughe d'acqua avvenute nel parcheggio sotterraneo. Il nuovo progetto, oltre ad aver risolto questi problemi, è riuscito a sviluppare un nuovo centro d'interesse nella città. Gli architetti hanno creato una disposizione aleatoria per sistemare la pavimentazione di granito antiscivolo e produrre un effetto dinamico nello spazio. Il granito è stato impiegato anche per le scale, le rampe, i basamenti delle statue e i muri di contenimento. Inoltre la piazza è aperta al livello superiore e possiede due nuovi accessi. La bellezza del nuovo spazio pubblico è completata da un'accurata vegetazione e da un attento sistema d'illuminazione.

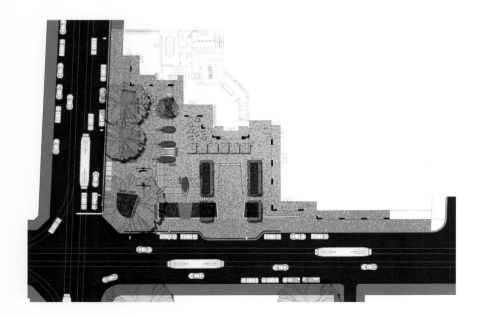

SITE OFFICE LANDSCAPE ARCHITECTURE | MELBOURNE, AUSTRALIA

Website	www.siteoffice.com.au
Project	Raglan Street Parkland
Location	Port Melbourne, Australia
Year of completion	2007
Materials	timber clad (wall), timber decking, laser cut steel panels (shade structure), compacted granitic sand (pavements)
Photo credits	Trevor Mein

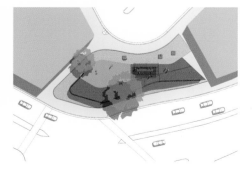

This project is an example of what often happens with public spaces. Due to urban development and the augmented traffic, noise and pollution that follow, some places cease to become attractive for a neighborhood's residents. The objective behind the Raglan Street Parkland is to reinvigorate this forgotten place and return it to its original use. The principal element in this intervention is a wooden wall that absorbs the noise coming from the street and allows for visual continuity to the rest of the spaces. Elements were installed to create meeting points and neighborly interaction: a table, a barbecue, some chairs, etcetera. The indigenous vegetation gives color and shape to this recuperated little corner.

Dieses Projekt ist ein gutes Beispiel dafür, was häufig mit öffentlichen Anlagen geschieht. Aufgrund der Stadtentwicklung, des stärkeren Verkehrs, Lärms und der Umweltverschmutzung haben einige Bereiche in Städten ihren Reiz für die Anwohner verloren. Das Ziel für Park Raglan Street war es, diesen vergessenen Ort wieder neu zu beleben und zu erreichen, dass er so genutzt wird wie in früheren Zeiten. Das wichtigste Element, das geschaffen wurde, ist eine Holzmauer, die den Straßenlärm dämpft und einen visuellen Zusammenhang mit den übrigen Bereichen schafft. Es wurden Möbel aufgestellt, die den Platz zu einem Ort des Zusammentreffens machen sollen; ein Tisch, ein Grill, Sitzgelegenheiten usw. Einheimische Vegetation vervollständigt und belebt das Bild.

El proyecto es un ejemplo de lo que sucede a menudo en los espacios públicos. A causa del desarrollo de las ciudades, el tráfico, el ruido y la polución aumentan, por lo que algunos sitios dejan de ser atractivos para los habitantes del barrio. El objetivo del parque de Raglan Street es revigorizar este lugar olvidado y devolverle su uso original. El elemento principal de la intervención es un muro de madera que amortigua el ruido de una calle y permite la continuidad visual al resto de espacios. Se han instalado elementos que crean un punto de encuentro e interacción vecinal: una mesa, una barbacoa, unos asientos, etcétera. La vegetación autóctona da forma y color a este recuperado rincón.

Ce projet illustre parfaitement un phénomène dont pâtissent fréquemment les lieux publics. Avec l'essor des villes, la circulation, le bruit et la pollution augmentant, certains sites perdent leur attrait aux yeux des habitants du quartier. L'objectif du parc de Raglan Street est de revitaliser les lieux en leur restituant leur fonction originelle. La pièce majeure de l'intervention est une paroi de bois qui amortit le bruit de la rue et assure la continuité visuelle avec les autres espaces. Divers éléments ont été installés pour créer un point de rencontre et d'interaction à l'intention des riverains : une table, un barbecue, des sièges, etc. La végétation autochtone donne formes et couleurs à ce coin de verdure réhabilité.

Questo progetto è un buon esempio di quanto spesso accade negli spazi pubblici. A causa dell'espansione delle città, il traffico, il rumore e l'inquinamento aumentano, e alcuni luoghi perdono il loro fascino per gli abitanti del quartiere. Lo scopo del parco di Raglan Street consiste nel dare nuovo vigore a questo posto dimenticato e restituirgli la sua funzione originale. L'elemento principale dell'intervento è un muro di legno che attenua il rumore proveniente dalla strada e favorisce la continuità visiva verso i restanti spazi. Sono stati installati elementi in grado di creare un punto d'incontro e d'interazione tra i residenti: un tavolo, un barbecue, alcuni sedili, eccetera. La vegetazione autoctona conferisce forma e colore a questo angolo recuperato.

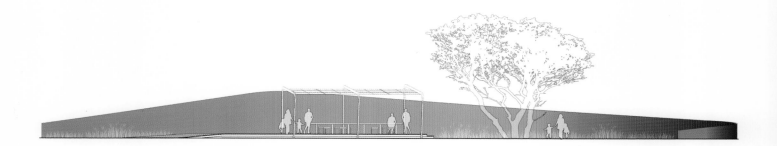

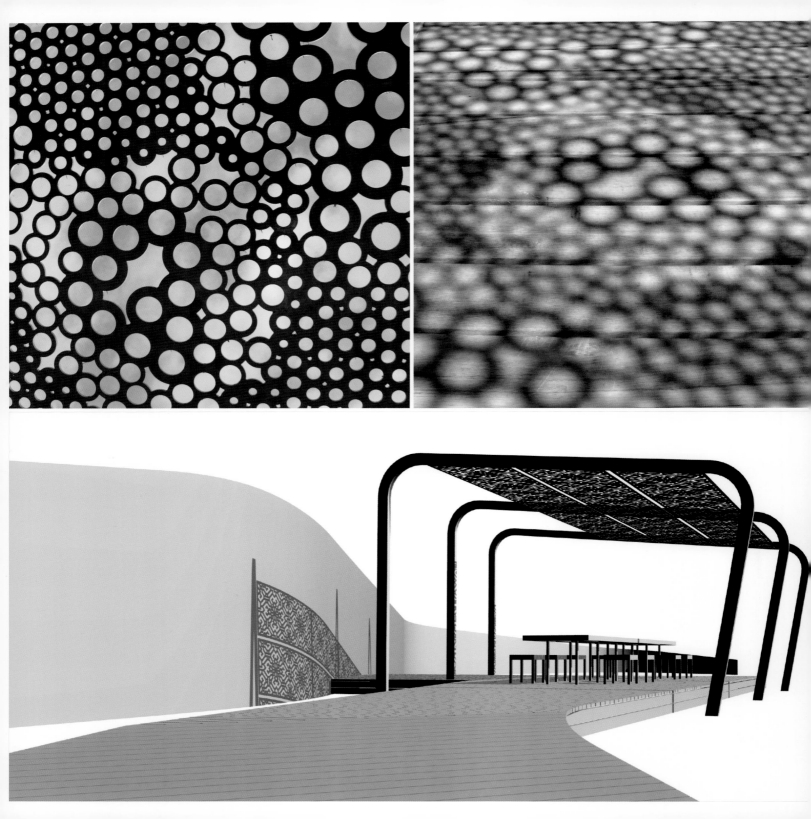

STEVEN HOLL ARCHITECTS | NEW YORK, NY, USA

Website	www.stevenholl.com
Project	Hudson Yards
Location	New York, NY, USA
Year of completion	project
Image credits	Steven Holl Architects

In 2005 the New York city council approved plans for the renovation of an area of warehouses and other buildings used for the maintenance of trains. The offices of Steven Holl proposed a plan to transform the area – close to the Midtown business district – into a new neighborhood with homes, cultural centers, hotels and businesses. A park measuring 7.69 hectares will create a new public attraction, and will include access to the Hudson River. The project is based on environmentally friendly principles and proposes sustainable concepts: for example, the buildings will have heating and air-conditioning systems which will not emit CO_2 and which will use 50% less energy.

Im Jahr 2005 bewilligte die Stadtverwaltung von New York City Pläne für die Renovierung eines Areals mit Lagerhallen und anderen Gebäuden, die zur Instandhaltung von Zügen verwendet werden. Die Agentur von Steven Holl stellte einen Entwurf für die Umgestaltung des Bereiches vor, der sich in der Nähe des zentralen Geschäftsbezirks befindet. Nach diesem Plan soll ein neues Viertel mit Wohneinheiten, kulturellen Zentren, Hotels und Geschäftsräumen entstehen. Ein 7,69 ha großer Park wird eine neue öffentliche Attraktion darstellen und Zugang zum Hudson River bieten. Das Projekt basiert auf umweltfreundlichen Prinzipien und nachhaltigen Konzepten: Die Gebäude werden zum Beispiel Systeme für Heizung und Klimaanlagen enthalten, die kein CO_2 emittieren und 50% weniger Energie verbrauchen.

En 2005 el ayuntamiento de Nueva York aprobó la rehabilitación de una zona de depósitos y otra utilizada para el mantenimiento de los trenes. El estudio de Steven Holl propone una actuación que transformará esta área –cercana al distrito de negocios de Midtown– en una nueva zona con residencias, centros culturales, hoteles y comercios. Un parque de 7,69 ha se convertirá en una nueva atracción pública, que tendrá además una salida al río Hudson. El proyecto se basa en principios medioambientales y propone estándares de sostenibilidad. Los edificios, por ejemplo, tendrán calefacción y aire acondicionado sin emisiones de CO_2 y utilizarán un 50% menos de energía.

En 2005, la mairie de New York a approuvé la réhabilitation d'une zone de hangars à wagons et d'une autre consacrée à la maintenance du matériel roulant. Le studio Steven Holl propose une intervention qui transformera cette zone – proche du quartier d'affaires de Midtown – en un nouveau quartier résidentiel équipé de centres culturels, d'hôtels et de commerces. Un parc de 7,69 hectares y deviendra la nouvelle attraction publique ; de plus, les lieux disposeront d'une sortie sur le fleuve Hudson. Le projet repose sur des principes environnementaux et propose des règles de durabilité. Les bâtiments, par exemple, seront équipés de systèmes de chauffage et de climatisation n'émettant pas de CO_2 et requérant deux fois moins d'énergie que les systèmes classiques.

Quando, nel 2005 il Comune di New York ha approvato il recupero di una zona di depositi e di un'altra impiegata per la manutenzione dei treni, lo studio di Steven Holl ha proposto un'operazione che trasformerà quest'area –vicina al quartiere commerciale di Midtown– in una nuova zona residenziale con centri culturali, alberghi e negozi. Un parco di 7,69 ettari diventerà una nuova attrazione pubblica; inoltre avrà un accesso al fiume Hudson. Il progetto si basa su principi ambientali e propone standard di sostenibilità. Gli edifici, per esempio, avranno riscaldamento e aria condizionata senza emissioni di CO_2 e utilizzeranno circa il 50% di energia in meno.

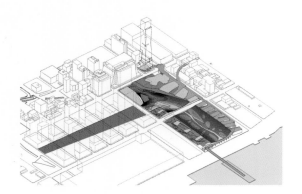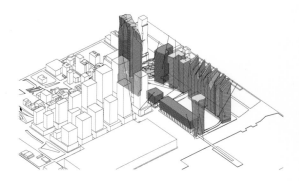

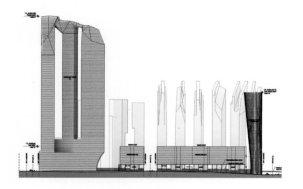
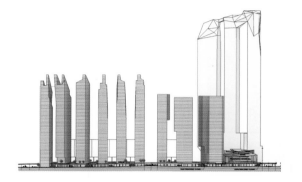

TEJO REMY & RENÉ VEENHUIZEN | UTRECHT, THE NETHERLANDS

Website	www.remyveenhuizen.nl
Project	Playground Fences
Location	Dordrecht, The Netherlands
Year of completion	2004
Materials	steel, techwood (combination of wood and plastic)
Photo credits	Herbert Wiggerman

This innovative project has used benches to transform five areas of the fence around the Het Noorderlicht primary school. This design shows that it is possible, and even necessary, to revise and modernize some of the architectural elements used in the street fixtures of our cities. The initial idea didn't include any new element in the school's playground, but this design which reinterprets the fence with all of its projections and curves while using the same materials as the existing fence, gave the school playground a new esthetic. In this case the barrier becomes a place of communication for the students, a far cry from negative concepts such as separation and limits.

Im Rahmen dieses innovativen Projektes wurden fünf Abschnitte der Umzäunung der Grundschule Het Noorderlicht in einen Bereich mit fünf Bänken umgestaltet. Ihre Gestaltung beweist, dass es möglich und sogar notwendig ist, einige architektonische Elemente des städtischen Mobiliars zu überarbeiten und zu modernisieren. Ursprünglich war kein neues Element im Hof der Schule geplant, aber durch die Neugestaltung der Umzäunung mit ihren Auskragungen und Kurven, die aus dem gleichen Material wie die bestehende Umfassung sind, entstand eine neue Ästhetik. So wurde aus einem Hindernis ein Ort der Kommunikation für die Schüler, und das Konzept entfernte sich somit weit von der Idee der Teilung und Begrenzung.

Este innovador proyecto ha transformado cinco tramos de una valla del colegio de educación primaria Het Noorderlicht en un espacio con bancos. Este diseño demuestra que es posible, e incluso necesario, revisar y modernizar algunos elementos arquitectónicos del mobiliario urbano de nuestras ciudades. La idea inicial no incluía ningún elemento nuevo en el patio de la escuela, pero este diseño que reinterpreta una valla, con su conjunto de salientes y curvas, y con los mismos materiales de la valla existente, aportó una nueva estética al patio escolar. En este caso, la barrera se convierte en un lugar de comunicación para los estudiantes, lejos de la idea negativa de separación y límites.

Ce projet novateur a permis de convertir cinq tronçons de l'enceinte de l'école primaire Het Noorderlicht en un espace ponctué de bancs. Ce design montre qu'il est possible, voire même nécessaire, de revoir et de moderniser certains éléments architecturaux du mobilier urbain de nos villes. L'idée initiale ne prévoyait l'installation d'aucun élément nouveau dans la cour de l'école ; pourtant, ce design qui réinterprète une palissade avec son ensemble de saillants et de courbes, en utilisant les mêmes matériaux que l'enceinte existante, a le don de modifier l'esthétique des lieux. Loin de perpétuer l'idée négative de séparation et de limites, la barrière se fait ici office de vecteur de communication entre les élèves.

Questo progetto innovativo ha trasformato in uno spazio con panchine, cinque tratti di una staccionata della scuola d'educazione primaria Het Noorderlicht. Il design impiegato dimostra che è possibile, e persino necessario, rivedere e modernizzare alcuni elementi architettonici dell'arredamento urbano delle nostre città. L'idea iniziale non comprendeva nessun elemento nuovo nel cortile della scuola, ma questo progetto che offre una nuova interpretazione di una recinzione, con il suo insieme di sporgenze e curve, e con gli stessi materiali dello steccato preesistente, ha dato al cortile una nuova estetica. In questo caso, la barriera è divenuta un luogo di comunicazione per gli studenti, escludendo l'idea negativa di separazione e di limite.

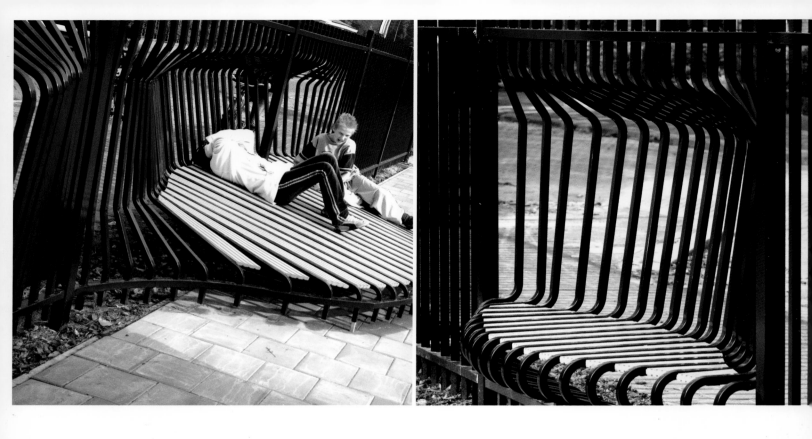

TONKIN LIU | LONDON, UNITED KINGDOM

Website	www.tonkinliu.co.uk
Project	Promenade of Light
Location	London, United Kingdom
Year of completion	2007
Materials	granite (paving and bollards), resin-bonded gravel, granite ring, steel (rings), timber (benches)
Photo credits	Keith Collie

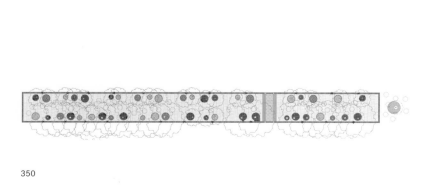

The reconstruction project, designed in close collaboration with the local community and its City Hall has served to bring unification to a pedestrian public space. The diversity of users, from workers walking down the promenade at rush hour to students and businessmen has made its purpose evident. The light-colored pavement creates a sort of canvas that reflects the shadows of trees and the theatrical effects of the light coming from the lampposts. Its nocturnal lighting has improved security. They've added 18 trees to the 21 existing ones and surrounded them with benches, tables and circular plant pots, making this a meeting point for neighbors.

Bei der Neugestaltung dieser Zone arbeitete man eng mit der lokalen Gemeinschaft und der Verwaltung zusammen, so dass eine einheitliche, öffentliche Fußgängerzone entstand. Alle Benutzer, also sowohl Berufstätige, die zu den Hauptverkehrszeiten vorbeikommen, als auch die Schüler und Inhaber der Geschäfte konnten feststellen, dass die Strecke besser geordnet ist. Das helle Pflaster wirkt wie eine Art Leintuch, auf dem sich die Schatten der Bäume und die theatralischen Effekte des Lichts der Straßenlaternen widerspiegeln. Die nächtliche Beleuchtung wurde aus Sicherheitsgründen ebenfalls verbessert. Zu den bereits vorhandenen 21 Bäumen kamen weitere 18 hinzu, die die Bänke, Tische und runden Blumentöpfe umgeben. So entstand ein neuer Treffpunkt für die Anwohner.

El proyecto de rehabilitación, diseñado en estrecha colaboración con la comunidad local y el ayuntamiento, ha permitido la unificación de un espacio público peatonal. La diversidad de usuarios, desde trabajadores que recorren el paseo en hora punta hasta escolares y comerciantes, ha visto cómo el recorrido se ha racionalizado. El pavimento de color claro crea una especie de lienzo donde se reflejan las sombras de los árboles y los impactantes efectos de luz de las farolas. La iluminación nocturna ha mejorado para aumentar la seguridad. A los 21 árboles existentes se han añadido otros 18 y se han rodeado de bancos, mesas y maceteros circulares, que crean un espacio de encuentro para los vecinos.

Ce projet de réhabilitation, conçu en étroite collaboration avec la collectivité locale et la mairie, a supposé l'unification d'un espace public piétonnier. La diversité des publics concernés, écoliers, commerçants et travailleurs empruntant la promenade aux heures de pointe, a imposé la rationalisation du parcours. Le dallage de couleur claire compose une espèce de toile de fond où se reflètent les ombres des arbres et les spectaculaires effets de lumière des lampadaires. L'éclairage nocturne a été amélioré, au profit de la sécurité. Dix-huit nouveaux arbres sont venus s'adjoindre aux vingt-et-un existants, et l'on a ceint l'espace de bancs, de tables et de jardinières circulaires, qui conforment un espace de rencontre pour les riverains.

Questo progetto di ristrutturazione, elaborato mediante una stretta collaborazione con la comunità locale e il Comune, ha determinato l'unificazione di un spazio pubblico pedonale. La varietà, in un'utenza composta dai lavoratori che percorrono il corso all'ora di punta agli scolari e ai commercianti, è stata fortemente razionalizzata in base a una nuova organizzazione del tragitto. La pavimentazione di colore chiaro crea una specie di tela sulla quale si proiettano le ombre degli alberi nonché di spettacolari effetti di luce creati dai lampioni. L'illuminazione notturna è migliorata in modo da aumentare la sicurezza. Oltre ai 21 alberi già presenti ne sono stati aggiunti altri 18 e si sono installate panchine, tavole e basi circolari per vasi, in modo da creare uno spazio di ritrovo per i residenti.

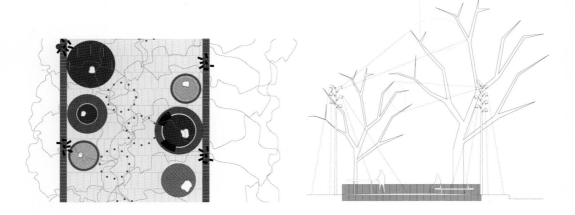

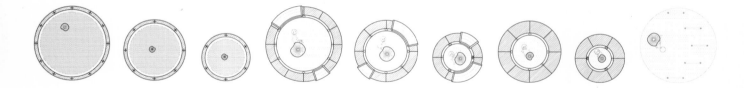

VAM 10 ARQUITECTURA Y PAISAJE | VALENCIA, SPAIN

Website	www.vam10.com
Project	Boulevard of the Senses
Location	Castelló, Spain
Year of completion	2004
Materials	washed concrete paving, grey granite paving, prefabricated concrete (flagstones), Borriol stone (benches, steps and edging), local stone, corten steel, pine tree trunks (sculpture)
Photo credits	Joan Roig

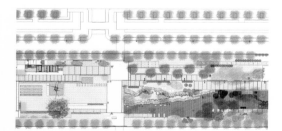

The boulevard forms part of the Jaume I University campus. It has been designed as a meeting point for students and as a vertebral axis for the buildings around it. Transversal axes divide the garden into six areas that use the five senses as a connecting thread. The area that represents vision is full of trees that create colorful contrasts throughout the different seasons. For sound they use the wind that passes through the bamboo and the *populus tremula*. Aromatic plants indicate smell and fruit trees symbolize taste. Tree trunks and stones evoke the sense of touch. Water is presented as an integrating element for this playful study of textures, sounds and aromas.

Der Boulevard bildet einen Teil des Campus der Universität Jaume I. Er wurde als ein Treffpunkt für die Studenten und als Rückgrat der umliegenden Gebäude gestaltet. Querachsen unterteilen den Garten in sechs Bereiche, in denen die fünf Sinne den Leitfaden bilden. Der Bereich, der die visuelle Wahrnehmung symbolisiert, ist voller Bäume, deren Gipfel im Laufe der Jahreszeiten Farbkontraste entstehen lassen. Für das Hören nahm man den Wind, der durch die Zitterpappeln und den Bambus weht. Duftende Pflanzen sprechen den Geruchssinn an, und Obstbäume den Geschmackssinn. Die Stämme und Steine wiederum symbolisieren den Tastsinn. Das Wasser ist das Element, das dieses Spiel aus Texturen, Klängen und Gerüchen miteinander verbindet.

El bulevar forma parte del campus de la Universidad Jaume I. Se ha diseñado como un punto de encuentro para los estudiantes y como eje vertebrador de los edificios de alrededor. Los ejes transversales dividen el jardín en seis áreas que tienen los cinco sentidos como hilo conductor. La zona que representa la vista está repleta de árboles cuyas copas crean contrastes cromáticos durante las estaciones del año. Para el oído se cuenta con el viento, que atraviesa las *populus tremula* y el bambú. Las plantas aromáticas encarnan el olfato y los árboles frutales, el gusto. Los troncos y las piedras representan el tacto. El agua está presente como elemento integrador de este juego de texturas, sonidos y aromas.

Le boulevard fait partie du campus de l'Université Jaume I. Il a été conçu comme un point de rencontre à l'intention des étudiants, et comme la colonne vertébrale des édifices environnants. Les axes transversaux divisent le jardin en six secteurs ayant les cinq sens pour fil conducteur. Celui qui représente la vue est planté d'arbres dont les frondaisons forment des contrastes chromatiques au gré des saisons de l'année. Pour l'ouie, on a fait appel au vent, qui bruit dans les trembles et les bambous. Les plantes aromatiques incarnent l'odorat et les arbres fruitiers, le goût. Troncs et pierres symbolisent le toucher. L'eau, présente partout, est l'élément intégrateur de ce jeu de textures, de sons et d'arômes.

Il boulevard fa parte del campus dell'Università Jaume I. È stato progettato come un punto d'incontro di studenti nonché come asse centrale degli edifici dei dintorni. Gli assi trasversali suddividono il giardino in sei aree che hanno come filo conduttore i cinque sensi. La zona che rappresenta la vista è piena di alberi le cui chiome creano magnifici contrasti cromatici durante le stagioni dell'anno. Per quanto riguarda l'udito, c'è il vento che passa attraverso ai *populus tremula* e al bambù. Le piante aromatiche personificano, invece, l'olfatto e gli alberi da frutto, il gusto. Tronchi e pietre simbolizzano il tatto. L'acqua è l'elemento integrante di questo gioco di texture, suoni e aromi.

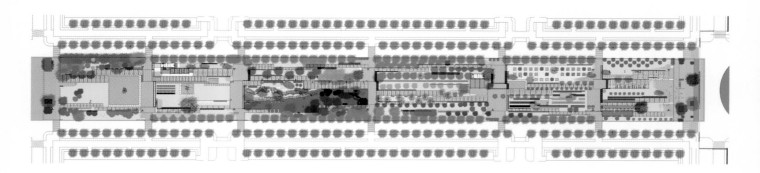

VIDAL & ASOCIADOS ARQUITECTOS | MADRID, SPAIN
RICHARD ROGERS PARTNERSHIP | LONDON, UNITED KINGDOM

Website	www.luisvidal.com
	www.richardrogers.co.uk
Project	Valladolid Masterplan
Location	Valladolid, Spain
Year of completion	in construction
Image credits	Vidal & Asociados Arquitectos

This design is a guide for the growth of the city in the next 25 years, and constitutes a model of sustainability which can be recreated in other European cities. The objective was to free the path of the old railway line, put new rails underground and preserve the surface for public use. A boulevard will be created – more than 2.5 mile long and up to 197 ft. wide – with a mixture of elements to enrich the social and cultural life of the city: a pedestrian zone, a lane for bicycles and new urban installations. A passageway will incorporate a new system of public transport and a terminus for changing methods of transport. The plan also includes the creation of up to six neighborhoods and 5,900 homes.

Ce design, modèle à suivre pour la croissance de la ville dans les 25 prochaines années, devrait faire d'elle un exemple de durabilité exportable dans d'autres villes européennes. L'objectif consiste à libérer le couloir de l'ancienne voie ferrée, à enterrer les nouvelles voies et à réserver la surface pour des usages publics. On créera ainsi un boulevard de plus de 4 Km de long sur 60 m de large où se rassembleront tous les éléments susceptibles d'enrichir la vie sociale et culturelle de la ville : une promenade piétonnière, une piste cyclable et de nouveaux équipements urbains. Un passage contiendra un nouveau système de transport public et un échangeur de transports. A terme, 6 nouveaux quartiers et 5 900 logements seront créés.

Dieses Design dient als Vorbild für das Wachstum der Stadt in den folgenden 25 Jahren und zeigt ein Modell der Nachhaltigkeit, das auch in anderen europäischen Städten geschaffen werden kann. Das Ziel bestand darin, den Weg der alten Bahnlinie freizulegen, neue Schienen unterirdisch zu verlegen und die Oberfläche für die öffentliche Nutzung zu erhalten. Ein über 4 Kilometer langer und bis zu 60 Meter breiter Boulevard wird entstehen – mit verschiedenen Elementen, die das soziale und kulturelle Leben der Stadt bereichern sollen: Eine Fußgängerzone, ein Fahrradweg und neue städtebauliche Anlagen. Ein Durchgang wird ein neues System des öffentlichen Nahverkehrs beinhalten, sowie eine Endstation für den Wechsel der Transportmittel. Der Plan beinhaltet zudem die Entstehung von bis zu sechs verschiedenen Wohnvierteln mit 5.900 Wohneinheiten.

Questo progetto è una guida per la crescita della città nei prossimi 25 anni che la trasformerà in un modello di sostenibilità esportabile in altri centri europei. Lo scopo consiste nel liberare il corridoio della vecchia ferrovia, sotterrare i nuovi binari e lasciare la superficie libera di ospitare funzioni pubbliche. Verrà creato un boulevard di oltre 4 km e con una larghezza massima di 60 m, in cui si mescoleranno elementi in grado di arricchire la vita sociale e culturale della città: un corso pedonale, una pista ciclabile e nuovi arredamenti urbani. Un corridoio incorporerà un nuovo sistema di trasporto pubblico e una stazione di scambio. Sorgeranno sei nuovi quartieri e 5.900 abitazioni.

Este diseño es una guía para el crecimiento de la ciudad en los próximos 25 años y hará de ésta un modelo de sostenibilidad exportable a otras ciudades europeas. El objetivo consiste en liberar el corredor de la antigua vía férrea, soterrar las nuevas vías y reservar la superficie para usos públicos. Se creará un bulevar de más de 4 km y hasta 60 m de ancho, donde se mezclarán los elementos que enriquecerán la vida social y cultural de la ciudad: un paseo peatonal, una vía para bicicletas y nuevos equipamientos urbanos. Un pasillo incorporará un nuevo sistema de transporte público y un intercambiador de transportes. Se crearán hasta seis barrios y 5.900 viviendas

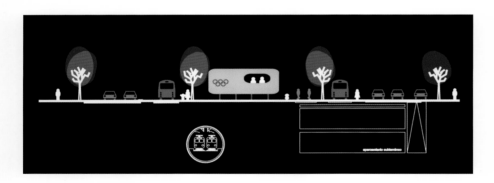

INDEX

Feichtinger Architectes
11 rue des Vignoles
75020 Paris, France
P +33 1 43 71 15 22
www.feichtingerarchitectes.com
Footbridge Simone de Beauvoir
Photos © David Boureau

Galiano Garrigós Arquitectos S.L.
San Francisco, 27, 1.º
03001 Alicante, Spain
P +34 965 214 639
www.galianogarrigos.com
Acces to Alicante Harbor
Photos © Joan Roig

Grüntuch Ernst Architects
Auguststraße 51
10119 Berlin, Germany
P +49 303 08 77 88
www.gruentuchernst.de
Penang Turf Club
Images © Grüntuch Ernst Architects

Grupo de Diseño Urbano/Mario Schjetnan
Fernando Montes de Oca 4
Colonia Condesa, Mexico DF 06140, Mexico
P +52 5553 1248
F +52 5286 1013
www.gdu.com.mx
Water Mirror
Photos © Francisco Gómez Sosa

Hentrup Heyers Fuhrmann Architekten
Bachstraße 22
52066 Aachen, Germany
P +49 024 15 07 50 4
www.hentrup-heyers.de
Remodelling of Station Square
Photos © Jörg Hempel

Hemprich Tophof Architekten
Niebuhrstrasse 2
10629 Berlin, Germany
P +49 308 89 21 00
www.hemprichtophof.de
Areal around Ostbahnhof
Images © Hemprich Tophof Architekten/Norbert Meise

Ingenhoven Architects
Plange Mühle 1
40221 Duesseldorf, Germany
P +49 211 30 10 10 1
www.ingenhovenundpartner.de
Stuttgart Main Station
Images © Ingenhoven Architects

JML Arquitectura del Agua
Paseo de los Tilos, 21, despacho 1
08034 Barcelona, Spain
P +34 932 805 374
www.jeanmaxllorca.com
Water Square
Photos © Stéphane Llorca

Jürgen Mayer H.
Bleibtreustrasse 54
10623 Berlin, Germany
P +49 303 15 06 11 7
F +49 303 15 06 11 8
www.jmayerh.de
Marktplatz
Photos © David Franck

Kalhöfer Korschildgen
Neusser Strasse 26
50670 Cologne, Germany
P +49 221 84 69 71 5
www.kalhoefer-korschildgen.de
Cloister Glass Facade
Route des Werkzeugs
Photos © Jörg Hempel

KCAP Architects & Planners
Piekstraat 27
3071 EL Rotterdam, The Netherlands
P +31 10 789 03 00
www.kcap.eu
HafenCity Hamburg
Photos © ASTOC Architects & Planners

MAP Architects/Josep Lluís Mateo
Teodoro Roviralta 39
08022 Barcelona, Spain
P +34 932 186 358
www.mateo-maparchitect.com
Largo da Devesa Square
Photos © Xavier Ribas, Pedro Duarte, MAP Arquitects

Netzwerk Architekten
Donnersbergring 20
64295 Darmstadt, Germany
P +49 615 13 91 49 0
www.netzwerkarchitekten.de
Mobilitätszentrale
Photos © Jörg Hempel

Obra Architects
315 Church St., 4th floor
New York, NY 10013, USA
P +1 212 625 3868
www.obraarchitects.com
Beatfuse!
Photos © Obra Architects

Ofis Arhitekti
Kongresni Trg 3,
1000 Ljubljana, Slovenia
P +38 6 1 4260085/4260084
www.ofis-a.si
Business Commercial Complex Jaroslavska
Business Commercial Complex Venezia-Marghera
Images © Ofis Arhitekti

OMA — Office for Metropolitan Architecture
Heer Bokelweg 149
3032 AD Rotterdam, The Netherlands
P +31 10 243 82 00
www.oma.com
Waterfront City Dubai
Image © OMA/Frans Parthesius, OMA

Oslund & Associates
115 Washington Ave N, Suite 200
Minneapolis 55401, MN, USA
P +1 612 359 9144
www.oaala.com
Gold Medal Park
Photos © Michael Mingo, Oslund & Associates

Peanutz Architekten/Elke Knöß & Wolfgang Grillitsch
Brückenstraße 1
10179 Berlin, Germany
P +49 30 2787 9377
www.peanutz-architekten.de
Loops
Photos © Stefan Meyer

Philippe Rondeau Architects
Room 1801, Haisong Building A
Tai Ran Jiu Road, Futian District
518048 Shenzhen, China
P +86 755 83 74 82 54
www.prarchi.com
Cha Guang Industrial Zone & Cha Guang Urban Rebirth
Images © Philippe Rondeau Architecture/Philippe Rondeau, Li Yun

Proap — Estudos e Projectos de Arquitectura Paisagista
Rua Dom Luis I, 19, 6°
1200-149 Lisboa, Portugal
P +351 213 951 724/25
www.proap.pt
Tejo and Trancão Park
Photos © Leonardo Finotti

Rogers Stirk Harbour & Partners
Thames Wharf, Rainville Road
London W6 9HA, United Kingdom
P +44 20 7385 1235
www.richardrogers.co.uk
Valladolid Masterplan
Images © Vidal & Asociados Arquitectos

Rios Clementi Hale Studios
639 N Larchmont Blvd.
Los Angeles, CA 90004, USA
P + 1 323 785 1800
www.rchstudios.com
Chess Park
Photos © Tom Bonner

Rush Wright Associates
Level 4, 105 Queen Street
3000 Melbourne, Australia
P +61 03 9600 4255
www.rushwright.com
Malvern City Square
Photos © Michael Wright, David Simmonds

Site Office Landscape Architecture
Level 5, 165 Flinders Lane
3000 Melbourne, Australia
P +61 03 9639 0391
www.siteoffice.com.au
Raglan Street Parkland
Photos © Trevor Mein

Steven Holl Architects
450 West 31st Street, 11th floor
New York, NY 10001, USA
P + 1 212 629 7262
www.stevenholl.com
Hudson Yards
Images © Steven Holl Architects

Tejo Remy & René Veenhuizen
Uranuimweg 17
3542 AK Utrecht, The Netherlands
P/F +31 030 294 49 45
www.remyveenhuizen.nl
Playground Fences
Photos © Herbert Wiggerman

Tonkin Liu
25 Rosebery Avenue
EC1 4SX London, United Kingdom
P +44 20 7837 6255
www.tonkinliu.co.uk
Promenade of Light
Photos © Keith Collie

Vam 10 Arquitectura y Paisaje
Plaza Alfonso el Magnánimo, 10, 8.º
46003 Valencia, Spain
P/F +34 963 519 780
www.vam10.com
Boulevard of the Senses
Photos © Joan Roig

Vidal & Asociados Arquitectos
Velázquez, 78
28001 Madrid, Spain
P +34 913 593 900
www.luisvidal.com
Valladolid Masterplan
Images © Vidal & Asociados Arquitectos

© 2009 daab
cologne london new york

published and distributed worldwide by
daab gmbh
friesenstr. 50
d - 50670 cologne

p + 49 - 221 - 913 927 0
f + 49 - 221 - 913 927 20

mail@daab-online.com
www.daab-online.com

publisher ralf daab

creative director feyyaz

editorial project by loft publications
© 2009 loft publications

editor and texts cristina paredes benítez
layout conxi papió cabezas
english translation equipo de edición
german translation equipo de edición
french translation equipo de edición
italian translation equipo de edición

front cover © OMA/Frans Parthesius, OMA
back cover © SMC Alsop

printed in spain

isbn 978-3-86654-024-8